LETTRE OUVERTE AUX MANGEURS DE VIANDES QUI SOUHAITENT LE RESTER SANS CULPABILISER

Direction de la publication : Isabelle Jeuge-Maynart et Ghislaine Stora
Direction éditoriale : Élodie Bourdon
Édition : Mélissa Lagrange
Conception de la couverture : Olo éditions
Conception de la maquette intérieure et mise en pages : Nord Compo
Préparation de copie : David Lerozier
Fabrication : Marine Garguy

Les Éditions Larousse utilisent des papiers composés de fibres naturelles, renouvelables, recyclables et fabriquées à partir de bois issus de forêts qui adoptent un système d'aménagement durable. En outre, les Éditions Larousse attendent de leurs fournisseurs de papier qu'ils s'inscrivent dans une démarche de certification environnementale reconnue.

ISBN : 978-2-03-596179-2

PAUL ARIÈS

LETTRE OUVERTE AUX MANGEURS DE VIANDES, DE FROMAGES ET BUVEURS DE LAITS QUI SOUHAITENT LE RESTER SANS CULPABILISER

LAROUSSE

MENU OMNIVORE

Cinquième partie
Les éco-guerriers de la libération animale

INTRODUCTION

OMNIVORES, VÉGANS… LE VÉGANISME N'EST PAS CE QU'ON VEUT VOUS FAIRE CROIRE !

Un nouveau spectre hante le monde : le spectre du véganisme. Le quotidien britannique *The Independent* a décerné, en 1995, à Peter Singer, le chantre de la libération animale, le titre de philosophe vivant le plus efficace… Il est aussi identifié comme le « véritable Moïse du mouvement pour les droits des animaux[1] ». L'homme ne gagne pourtant pas à être connu, promoteur de l'infanticide, saboteur de l'humanisme, avocat de la zoophilie, ennemi juré de l'écologie[2]… On comprend que Peter Singer n'ait pas été toujours si populaire. Sa nomination comme professeur de bioéthique à l'université de Princeton, en 1999, avait suscité de vives réactions dans le campus et les médias. *Courrier International* se demandait pourquoi l'université avait choisi un philosophe prônant l'infanticide et l'euthanasie[3]. Le véganisme a été promu en 2018 phénomène de l'année par diverses revues. N'existent pourtant que 2 à 8 % de végans selon les pays, surtout des bobos. Toutes les puissances du vieux monde se sont

---

1. http://fr.abolitionistapproach.com/2016/03/13/remise-en-cause-de-la-pretendue-paternite-de-peter-singer/
2. L'association L214 organisait le 30 mai 2015, en partenariat avec *Les Cahiers antispécistes*, une conférence en l'honneur de Peter Singer en présence d'Aymeric Caron et de Matthieu Ricard, tout ce petit monde était réuni à la Cité des sciences et de l'industrie à Paris.
3. https://www.courrierinternational.com/article/1999/10/21/le-droit-de-vivre-mais-pas-pour-tous

unies en une Sainte-Alliance pour imposer les fausses viandes, les faux œufs, les faux fromages, les faux laits, tellement plus rentables pour les firmes financières. Les végans ont non seulement tout faux par rapport à leurs belles déclarations généreuses, mais ils sont bien les idiots utiles du capitalisme productiviste[1].

La simplicité, pour ne pas dire le simplisme, du véganisme explique son succès : ne plus consommer de viandes, de fromages, ne plus boire de laits supprimerait le martyre des animaux, stopperait la faim dans le monde, sauverait le climat, améliorerait notre santé, accroîtrait notre longévité, supprimerait la culture de la violence.

Il est temps d'arracher son masque au véganisme.

Non, il n'est pas la poursuite du végétarisme par d'autres moyens.

Non, il n'abrégera pas la souffrance animale, car ce serait oublier que l'agriculture tue autant, sinon plus, d'animaux que l'élevage.

Non, il n'est ni super-écolo ni un nouvel humanisme.

Non, il ne permettra pas de résoudre la faim dans le monde.

Non, il ne donnera pas aux humains une meilleure santé.

Non, il ne propagera pas une culture de paix mais de violence.

Ce livre s'adresse aux éleveurs, aux bouchers, aux travailleurs des abattoirs, aux restaurateurs qui doivent sans cesse supporter les attaques verbales et les agressions des prétendus « libérateurs » animaux.

Ce livre s'adresse aux mangeurs de viandes, de fromages, aux buveurs de laits, accusés d'être des criminels dignes des gardiens de camps d'extermination nazis, sommés de se justifier devant ces nouveaux inquisiteurs.

---

1. Ce livre fait suite à la tribune signée avec mes amis Jocelyne Porcher et Frédéric Denhez sous le titre « Pourquoi les végans ont tout faux », *Libération* du 18 mars 2018. Je réponds ici à la vive polémique qui a suivi cette parution en apportant tous les compléments nécessaires.

Ce livre s'adresse aux défenseurs des animaux et aux multiples courants de végétariens et de végétaliens, qui risquent de se faire piéger par une doctrine savamment construite pour les séduire mais qui les abuse.

Je dis aux omnivores : continuez à consommer des produits animaux, mais devenez des mangeurs consciencieux et pas seulement au sujet de l'élevage. Soyez aussi exigeants au regard de vos fruits et légumes, de vos céréales, de vos légumineuses que vous devez l'être au regard des produits carnés.

Je dis aux végans : ne vous trompez pas d'adversaire, l'ennemi, ce n'est pas l'éleveur, le salarié des abattoirs, le boucher, le restaurateur, l'omnivore, mais les financiers qui ont fait de l'élevage une industrie et des animaux des machines à produire, dans de sales conditions, des protéines au plus bas coût.

J'entends bien que n'existent pas un seul végétarisme mais plusieurs, celui qui a triomphé, à la fin du XIXe siècle, ne fut pas celui des anarchistes qui désiraient réenchanter le monde, mais celui des frères Kellogg, continuateur de tous les courants religieux fondamentalistes, qui souhaitent interdire, depuis la nuit des temps, aux gens ordinaires, de pouvoir manger de la viande, car ce serait un gaspillage éhonté et le début de la dépravation morale[1]. Le véganisme le mieux placé pour triompher, au XXIe siècle, n'est pas celui des bobos métropolitains, mais des fous furieux adeptes des post-animaux et des post-humains.

J'entends bien que beaucoup de végans sont des gens sympathiques et généreux, mais on ne fait pas l'histoire avec de bons sentiments. Les tragédies passées auraient dû les prémunir contre

1. John Harvey Kellogg (1852-1943), membre un temps de l'Église adventiste du septième jour, inventeur des corn-flakes et fondateur de Kellogg Company et de la viande végétale, dirigea l'œuvre médicale adventiste. Il préconisait l'abstention de la viande et de la sexualité (un rapport mensuel maximum). Il fut également membre de l'Association pour l'amélioration de la race humaine promouvant l'eugénisme de masse.

les travers d'une pensée glissante, qui, sous prétexte de sauver les animaux de la souffrance et de l'exploitation, finit par proposer de supprimer non seulement l'alimentation carnée humaine, simple goutte d'eau dans la prédation, mais tous les prédateurs animaux. Ces végans sont des apprentis sorciers annonciateurs d'un monde désanimalisé.

Je n'entrerai pas dans les conflits de chapelle qui les divisent. Beaucoup d'adeptes se contentent de vivre leur véganisme avec la foi du charbonnier, je distinguerai donc les marchands du temple flairant la bonne affaire commerciale et politique des végans conséquents, adeptes de la « libération » animale, et des végans ultra-conséquents amoureux d'un monde bio-tech.

Prenez garde, amis omnivores, de ne pas être, demain matin, poursuivis pour avoir cédé à la gourmandise d'une tranche de lard ou osé porter un pull en laine, des chaussures en cuir, les talibans de la pensée végane veillent. Ne croyez pas que j'affabule (ou lisez ce livre !), les végans visent bien l'interdiction de toutes les formes d'« exploitation » des animaux, et, comme cette « exploitation » concerne aussi bien les animaux d'élevage que les chiens d'aveugle ou les animaux domestiques, vous êtes vraiment dans une très mauvaise situation, avec votre litre de lait et votre camembert.

Prenez garde, amis végans, il ne vous sera plus possible de dire, après avoir lu ce livre, que vous ne saviez pas que le meilleur des mondes végans pouvait avoir un goût de mort ! Démarquez-vous des faux amis des humains et des autres animaux, dénoncez les fous furieux qui attaquent les bouchers et les restaurateurs, qui parlent, sans vergogne, de supprimer des espèces animales, qui clament vomir l'écologie mais adulent la techno-science ! Balayez devant votre porcherie !

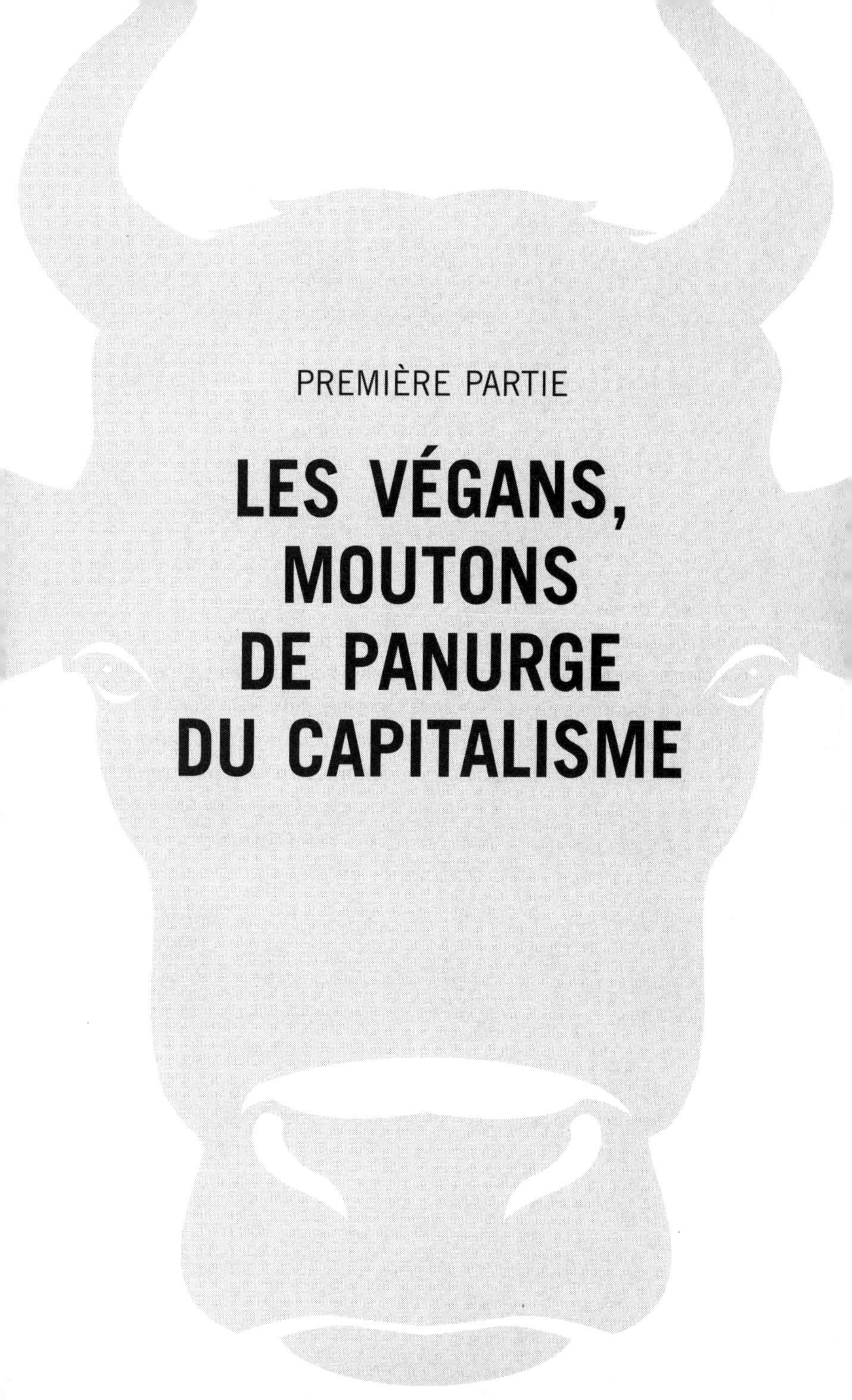

PREMIÈRE PARTIE

LES VÉGANS, MOUTONS DE PANURGE DU CAPITALISME

CHAPITRE 1

LE VÉGÉTARISME DEPUIS L'ANTIQUITÉ, UNE IDÉOLOGIE BONNE À TOUT FAIRE

Le véganisme n'est pour beaucoup qu'un terme anglais désignant des végétaliens qui, logiques avec eux-mêmes, refuseraient toutes les autres formes d'« exploitation » animale. Ces végans ont réussi depuis vingt ans leur OPA inamicale sur les mouvements animalistes. Ce détour montrera que le débat n'oppose pas de gentils végans à de méchants omnivores. Le végétarisme a une histoire que choisissent volontairement d'ignorer ses adeptes. J'aimerais montrer qu'il est, depuis l'Antiquité, une idéologie bonne à tout faire. L'abstinence a eu différentes significations, mais elle a été plus souvent imposée que choisie.

La légende pythagoricienne

Les végans, comme tous les idéologues, aiment s'inventer de glorieux ancêtres. Commençons par dénoncer vertement la légende pythagoricienne, selon laquelle les membres de cette secte de l'Antiquité auraient été végétariens. La secte pythagoricienne (Polybe, Ovide, Plaute, Sénèque) refuse, certes, sur le papier de consommer de la viande, mais seul un cercle étroit s'en abstenait, tandis que le grand nombre en mangeait : ils refusaient de toucher au mouton et au bœuf laboureur et ne consommaient que du porc et de la chèvre, ils évitaient d'en manger les parties vitales, comme le cœur ou la matrice, car toutes les valeurs de la viande se concentraient dans ces animaux et morceaux, tandis que les autres animaux et morceaux ne constituaient pas, pour eux, véritablement de la viande. Les seules victimes que les pythagoriciens acceptaient étaient réputées « coupables », le porc, ennemi de Déméter, déesse de l'Agriculture et des Moissons, a déterré les semences et détruit les cultures ; le bouc a offensé Dionysos, dieu du Vin, il a mordu les vignes, brouté les raisins, on mange ces animaux pour les punir[1]. Pythagore était végétarien, non pas par respect pour les animaux, mais par refus de sacrifier, car, faute de pièce d'identité, ce qui valait citoyenneté était la participation aux banquets. Son gendre et principal disciple, Milon de Crotone, était un grand mangeur de viande.

Ce premier végétarisme est un végétarisme de secte qui entend se soustraire à la société. Il deviendra, dans l'histoire, celui de certains ordres religieux. Il ne s'agit, cependant, pas tant de sauver des âmes que de mortifier la chair, de brider la sexualité, comme le montre le fait que la haine du gras (alimentaire) s'est développée, dans l'Angleterre victorienne, en même temps que la haine des femmes, de la sexualité, bref de tout ce qui donne de la jouissance.

La viande, trop bon pour le peuple !

Le végétarisme portera massivement une tout autre signification dans l'histoire, puisqu'il sera, le plus souvent, imposé au peuple par des élites qui, elles, restaient carnivores… L'Église a fait du

1. *In* Pierre Ellinger, « Guerre et sacrifice dans le mysticisme grec : Orphisme et Pythagorisme », *Mélanges Pierre Lévêque*, t. 6 : Religion, Les Belles Lettres, 1992, p. 73-87.

péché de *gula* (de gourmandise) non plus le fait de trop manger, mais de désirer manger au-dessus de son rang social, de sa condition, bref d'envier les riches. Les peuples, qui ont une mémoire longue, se souviennent de cette volonté des puissants de les priver de viande, c'est-à-dire de s'en réserver le monopole, en vertu d'un principe de séparatisme alimentaire voulant que les puissants ne mangent pas la même chose qu'eux. Le végétarisme a été antipopulaire, bien avant d'acquérir une autre dimension. On voudra faire manger au peuple des végétaux, notamment des racines, plantes poussant dans la terre donc plus proche de l'enfer, plutôt que des animaux, notamment des oiseaux proches du ciel, donc du paradis ; puis, au XIXe siècle, des substituts alimentaires à base d'os. J'explique, depuis trente ans, la nécessité et la difficulté à passer à une alimentation moins carnée, en raison de cette longue tradition punitive dont les peuples ont la mémoire vive. Les végétariens du XIXe siècle ont une énorme responsabilité dans ce domaine[1].

« Les peuples, qui ont une mémoire longue, se souviennent de cette volonté des puissants de les priver de viande. »

Le végétarisme, une idée française qui fait recette chez les Anglo-Saxons !

L'*Encyclopédie* de Diderot fait exception puisqu'elle postule que s'il convient de ne pas manger de viande, c'est par refus de la violence, de toute forme de violence sociale. Cette thèse prometteuse fait cependant fausse route, car ne pas manger de la viande n'a jamais rendu les individus ou les peuples plus doux et pacifiques,

1. Paul Ariès, *Une histoire politique de l'alimentation : du paléolithique à nos jours*, Max Milo, 2016.

comme le prouvent, aujourd'hui encore, certains fous furieux hindous meurtriers et les nazillons convertis au végétarisme. On pourrait parler d'une renaissance du végétarisme, dès le XVIIe siècle, avec des auteurs comme Lessius, Bossuet, Fénelon, Cheyne, Rousseau, etc., mais le véritable père du végétarisme moderne sera le Français Jean-Antoine Gleizès (1773-1843), auteur de *Thalysie, ou Système physique et intellectuel de la nature* (1821), véritable bible des végétariens. On parlait de société « thalysienne » pour dire « végétarienne ». Son ouvrage, assez vite oublié en France, connaît un grand succès en Allemagne et en Grande-Bretagne, où il explique l'essor du végétarisme autour de deux thèses : le meurtre animal est le principal crime de l'humanité et la consommation de viande le principal obstacle à l'immortalité de l'âme.

Ce végétarisme mystique sera revisité par un autre Français, le docteur Bonnejoy (1833-1896), dans le cadre d'une pensée qui se veut, cette fois, totalement « rationaliste ». Ce nouveau végétarisme se fonde sur une sorte d'« anatomie philosophique » *(sic)* pour établir que l'homme, primitivement végétarien, diffère des carnivores par ses mains adaptées à la cueillette, par ses mâchoires courtes et de force modérée, par ses canines égales aux autres dents, par son articulation temporo-maxilaire ne présentant pas de mouvement de latéralité, par ses glandes salivaires, par son foie à six lobes, par son canal intestinal sept à huit fois supérieur à celui des carnivores, mais plus petit que celui des herbivores... Ce refus de la viande, qualifié de « chair de cadavre », est aussi fondé sur le fait qu'elle aurait épuisé son cycle nutritif et se trouverait donc pleine de toxines et de microbes. Ces substances usées par la vie de l'animal seraient mélangées aux déchets en voie d'expulsion. Le végétarisme mettrait donc à l'abri de toutes les maladies, considérées comme de simples accidents, dus à une violation des lois de la nature qui affaiblirait la force vitale, il permettrait de vivre jusqu'à 150 ans, car la vieillesse serait la conséquence d'un empoisonnement lent que la digestion de la viande précipiterait.

Ce végétarisme est surtout présenté comme une alternative au « matérialisme moral ». Il favoriserait, en toute chose, « la tempérance et le choix d'une vie simple » *(sic)*... C'est pourquoi il combat autant le régime carné que ses accessoires : alcool, café, piments, tabac et sexe ! Il encouragerait la chasteté, tandis que la viande développerait les désirs charnels, il engendrerait la paix dans les ménages, mais aussi la paix sociale car il permettrait de vivre « avec presque rien », tandis que la viande favoriserait les révoltes et l'esprit revendicatif... Il créerait une « tendance naturelle au bien » *(sic)* et « au vrai » *(re-sic)*, accroîtrait l'intelligence et la moralité, les sentiments esthétiques et même la beauté physique, alors que « les visages des gourmands et des gloutons acquièrent quelque chose de repoussant », il rendrait les enfants plus intelligents et plus obéissants, il permettrait le retour à la nature et à l'ordre naturel, le choix de la campagne contre la ville et ses maudites tentations.

Le végétarisme, ou le culte de la force

Les théoriciens de ce nouveau végétarisme expliquent qu'il tirerait son étymologie non pas du substantif « végétal », mais du latin *vegetus* qui signifie « actif, vigoureux ». Ce végétarisme va connaître un nouveau regain à la fin du XIXe et au début du XXe siècle, de façon marginale au sein des anarchistes appartenant au courant individualiste (même si les végans français préfèrent mettre cet héritage en avant), et, de façon plus importante, au sein du mouvement théosophique, dont les membres fonderont les sociétés végétariennes. Ces théosophes considèrent qu'une confrérie d'humains devenus « parfaits » au cours de l'évolution existe, depuis la nuit des temps, et que, c'est à eux, au début de la race humaine, alors que l'humanité n'était encore que dans son enfance, que des demi-dieux confièrent la garde et l'enseignement de la

Révélation primitive au sujet de l'origine, de l'évolution et des buts. Chaque fois que le monde serait en état de recevoir une partie plus étendue de la Vérité, la Grande Confrérie en confierait la divulgation à l'un de ses initiés. La théosophie, née au XIXe siècle, serait le résultat de l'une des interventions qui aurait projeté une nouvelle lumière sur l'humanité, et qui, vers la fin du XXe siècle, devrait donner une dispensation plus complète au moyen d'un nouvel instructeur... Annie Besant (1847-1933) rejoint la société théosophique d'Helena Blavatsky (1831-1891) qu'elle remplace à la mort de cette dernière. Elle s'installe définitivement en Inde en 1895, où elle adopte le mode de vie traditionnel. Elle devient membre puis présidente du Congrès national indien en 1917 ; elle s'effacera, ensuite, devant Gandhi en désaccord avec lui[1].

Être végan est tendance chez les néonazis

J'ai été vilipendé pour avoir dénoncé les accointances entre l'antispécisme et l'extrême droite. Comment pouvais-je insulter des militants qui se disaient parfois anarchistes ? Les premières mises en garde contre la philosophie antispéciste sont venues pourtant des milieux libertaires. Daniel Colson a publié ainsi un *Petit Lexique philosophique de l'anarchisme* (Le Livre de Poche, 2001) dans lequel il démontre que le mouvement de libération animale s'oppose quasiment sur tous les points aux idéaux libertaires. Il définit les antispécistes comme des « idéomaniaques » relevant finalement davantage d'une obsession de type religieuse que du combat politique. Le sociologue explique que les animaux ne pouvant pas s'exprimer eux-mêmes, les antispécistes ne se contentent pas d'expliquer en quoi cette cause est importante pour eux, humains, mais

1. J'ai largement développé cette histoire dans mon ouvrage *Anthroposophie : enquête sur un pouvoir occulte*, Éditions Golias, 2001.

prétendent parler et agir en leur nom, s'instituant ainsi représentants d'animaux y compris sauvages qui ne leur ont strictement rien demandé. Les antispécistes remettent donc en cause le sacro-saint principe révolutionnaire selon lequel l'émancipation doit être l'œuvre des intéressés eux-mêmes. Les antispécistes ne poussent donc pas jusqu'au bout la logique de l'émancipation mais la trahissent. Ces mêmes antispécistes qui jouaient donc aux vierges effarouchées lorsqu'on pointait les risques de dérives d'une rive à l'autre s'effraient, aujourd'hui, de l'infiltration des thèses d'extrême droite[1]. J'ai envie de leur répéter ce que je disais à propos des sectes : ce qui est grave, ce n'est pas qu'ils cherchent à vous infiltrer, c'est que vous soyez perméables à cette idéologie... On peut lire, dans les *Cahiers antispécistes*, que la revue *Arkangel*, proche de l'ALF (Front de libération animale), refuse désormais de prendre position sur la présence de l'extrême droite en son sein.

Faut-il rappeler que Clément Méric, activiste antispéciste et antifasciste, est mort assassiné, à Paris, le 5 juin 2013, qu'Esteban Morillo, accusé du crime de violences volontaires ayant provoqué la mort sans intention de la donner, avec la circonstance aggravante qu'elles ont été commises en réunion et avec armes, était membre du groupe dissous Troisième Voie, et lié à d'autres personnalités animalistes néofascistes ?

Les spécialistes de la scène néonazie notent qu'être végan est devenu très tendance dans les milieux néofascistes, néonazis et chez les suprémacistes blancs[2]. L'affirmation d'un lien entre végétarisme et défense de la race blanche remonte au XIXe siècle,

---

1. « Certains stressent face à une réelle ou imaginaire "infiltration" du mouvement par l'extrême droite, comme s'ils risquaient d'être contaminés par contact. Mais c'est moins les individus d'extrême droite qui m'inquiètent que leurs idées, et celles-ci sont omniprésentes dans le mouvement, y compris, voire surtout, dans la tête des plus "radicaux" et virulents "antifascistes" », http://david.olivier.name/fr/refonder-le-progressisme
2. La France semble mieux protégée en raison de l'importance du courant anarchiste au sein du mouvement végan. David Olivier reconnaît la présence des idées d'extrême droite et parle même d'omniprésence, avec la diabolisation de l'adversaire, l'appel aux

y compris au sein des végétariens bon teint luttant contre la « dégénérescence », le système « nécrophagique » ayant conduit les classes supérieures à la décadence. Les végans aiment expliquer les choix alimentaires d'Hitler comme strictement personnels, en raison de ses problèmes de santé et sur prescription de son médecin. Cette façon, idéologiquement intéressée, de réécrire l'histoire est totalement fausse. Tous les principaux dignitaires du nazisme soutenaient le végétarisme, qu'il s'agisse d'Hitler, d'Himmler, de Goebbels, de Göring... le végétarisme n'était pas un choix diététique, mais politique, en liaison avec leur vision ignoble de l'humanité[1]. Les végans sous-estiment « le travail sur la frontière entre les humains et les animaux dans l'Allemagne nazie », selon la formule d'Arnold Arluke et de Clinton R. Sanders[2]. Position d'autant plus curieuse qu'il est évidemment possible d'être antifasciste et antispéciste ! Après 1932, les nazis vont adopter une série de lois interdisant partiellement la vivisection, assimilée à une tradition juive, contrôlant l'abattage des animaux, etc. Hermann Göring menace, lors d'une émission de radio en 1933 : « Afin que la torture des animaux ne continue pas [...] je vais envoyer dans des camps de concentration ceux qui pensent encore qu'ils peuvent continuer à traiter les animaux comme une propriété inanimée. » Les nazis ont, certes, dissous en 1938 les sociétés de protection des animaux, comme le clament avec mauvaise foi les végans, mais pour les fusionner dans une organisation unique dépendant directement de l'État et réservée aux Aryens. Arnold Arluke et Clinton R. Sanders précisent que son but était de combattre la souffrance

---

meurtres, la volonté d'épuration. Il qualifie cette tendance de « spécisme à l'envers », http://david.olivier.name/fr/refonder-le-progressisme

1. Johann Chapoutot, « Les nazis et la "nature". Protection ou prédation ? », *Vingtième Siècle : Revue d'histoire*, janvier-mars 2012, n° 113, p. 29-39.

2. Arnold Arluke et Clinton R. Sanders, « Le travail sur la frontière entre les humains et les animaux dans l'Allemagne nazie » *in* Nicolas Dodier, Pierre-Benoît Joly et Cyril Lemieux (dir.), *La Question animale*, *Politix*, vol. 16, n° 64, quatrième trimestre 2003, p. 17-49.

afin « d'éveiller et de fortifier la compassion », mais aussi de protéger les animaux pour eux-mêmes, et non pas de façon anthropocentrée comme dans toute la tradition humaniste qui considère que l'humanité s'abaisse en martyrisant des animaux. Cet antispécisme avant l'heure avait pour fonction de permettre le retour à une mentalité tribale préchrétienne témoignant de respect envers les animaux. Les historiens ajoutent que cette politique animaliste justifiait le mépris envers certains humains et permettait de désavouer, comme erronées, les conduites humanitaires envers eux, qu'il s'agisse des Juifs, des Roms, des peuples slaves, des grands handicapés. Goebbels soutenait que « l'homme ne doit pas se sentir supérieur aux animaux[1] » et que le statut moral des animaux devait directement être fondé sur leur caractère sensible. Le végétarisme s'imposait donc aux dirigeants nazis, car manger de la viande serait le signe d'un déclin de l'humanité, tandis que le végétarisme conduirait à une civilisation pure. La race humaine ayant été contaminée par le mélange des races et la consommation de viande, sa régénération passerait par la protection des animaux et le végétarisme. Les nazis se sont inspirés du livre *Die Theozoologie* (1905) du baron de Liebenfels (1874-1954), moine cistercien défroqué, théoricien et fondateur de la revue racialiste et eugéniste *Ostara*, qui opposait deux peuples, les Aryens et le « peuple animal » représentant l'obscurité et cherchant à salir sexuellement et par l'alimentation les Aryens. Pour Hitler, les non-Aryens étaient des sous-humains inférieurs aux animaux domestiques, il soutenait, d'ailleurs, que l'esclavage avait précédé la domestication, ce qui

« Car manger de la viande serait le signe d'un déclin de l'humanité, tandis que le végétarisme conduirait à une civilisation pure. »

1. *Ibid.*

le justifiait. Le chef des SS, Himmler, notamment, s'opposait à la chasse de manière hystérique, il la voyait comme le meurtre pur et simple d'un innocent qu'il fallait interdire et châtier. Albert Speer, ministre de l'Armement et de la Production de guerre, explique qu'Hitler loua les services d'un cuisinier végétarien et devint très critique pour ceux qui n'étaient pas des végétariens, parlant du bouillon de viande comme d'un « thé au macchabée » !

Les végans suprémacistes blancs d'aujourd'hui se réfèrent davantage à Savitri Devi, de son vrai nom Maximiani Portas, née à Lyon en 1905 et devenue la grande prêtresse du national-socialisme et le symbole du germano-hindouisme. J'ai dressé son portrait dans un livre consacré aux liens entre mouvances néosatanistes et nazisme[1]. Cette théoricienne partira en Inde en 1932 à la recherche du véritable paganisme aryen. Elle épousera, en 1940, le brahmane Asit Krishna Mukherji, activiste pro-aryen et nazi, et décédera, en Angleterre, en 1982, entourée d'activistes nazis : ses cendres déposées aux États-Unis donnent lieu régulièrement à des rassemblements commémoratifs. Je n'ai pas été surpris de voir son nom réapparaître récemment dans la littérature végane. Existeraient, selon eux, une prédisposition génétique chez les Blancs pour le véganisme et une opposition entre les Aryens mangeurs de céréales et les Juifs mangeurs de viande. On ne compte, malheureusement, plus les sites et même les chaînes YouTube nazies consacrées à la promotion du véganisme ni les messages racistes et fascistes sur des sites végans, appelant au vol des chiens des SDF, notamment roms, expliquant que les pauvres seraient responsables de leur malheur, pas les animaux…

“On ne compte, malheureusement, plus les sites et même les chaînes YouTube nazies consacrées à la promotion du véganisme.”

1. Paul Ariès, *Satanisme et Vampyrisme*, Éditions Golias, 2005.

Le végétarisme a trop longtemps servi dans l'histoire à diviser les humains entre eux, en distinguant une secte savante et la masse abrutie, en opposant la supériorité morale et physique des peuples blancs végétariens par rapport aux « races nécrophagiques » *(sic)* ! Les peuples les plus carnivores, Esquimaux, Toungouses, Ostiaques, seraient dépourvus de civilisation et se trouveraient naturellement tout en bas de l'échelle de l'humanité. Ce point de vue des dominants finit par contaminer celui des dominés à entendre le discours légendaire d'un chef amérindien rapporté par Crèvecœur : « Ne voyez-vous pas que les Blancs vivent de grains tandis que nous vivons de viande ? Que la viande exige plus de trente mois pour pousser et est souvent rare ? Que la viande a quatre jambes pour se sauver tandis que nous n'en avons que deux pour l'attraper ? C'est pour cela qu'ils ont tant d'enfants et vivent plus longtemps que nous... La race des petits semeurs de blé extirpera la race des mangeurs de viande, si ces hommes ne se décident pas à semer[1]. »

Ami végan, lorsque tu entends parler de combat contre l'abattage rituel, de décadence de l'humanité, de mauvaises races... change de crémerie !

Ami mangeur de viandes, sois logique avec toi-même, refuse les idéologies politiques qui conduisent, comme l'antispécisme conséquent, à diviser l'humanité, sois toujours du côté de l'égalité et non pas de la force obscure !

---

1. http://bit.ly/vivredegrainsoudeviande

CHAPITRE 2

DE QUOI LES ANIMAUX SONT-ILS VICTIMES ?

Les antispécistes sont obligés de reconnaître que je dénonce autant qu'eux la souffrance animale et que ce qui nous oppose n'est pas une affaire de pathos ni de sensibilité. Certains pensent que, sans les excès de Singer, j'aurais pu être des leurs. Non merci ! Les végans ne posent pas les bonnes questions auxquelles ils apportent de mauvaises réponses car leurs postulats sont erronés. Ils s'imaginent que les animaux seraient victimes d'un complexe de supériorité de l'humanité, véritable racisme des humains envers les autres espèces. Ils ne comprennent pas plus la domestication que les enjeux de l'agriculture.

L'alimentation en cache-sexe

Le véganisme n'est pas seulement le refus de l'alimentation carnée, mais de toutes les formes de ce qu'il nomme rapidement l'« exploitation » animale. J'avais recensé tous les produits et services dont un bon végan doit s'abstenir : la laine, le cuir, le miel, les desserts au soja colorés à la cochenille, les corn-flakes contenant de la lanoline (corps gras extrait de la laine), le sucre blanc (blanchi avec du charbon animal), certains vins et bières (sang et extraits de poisson et de viande), les miroirs (présence de sous-produits animaux), les médicaments (testés sur les animaux ou contenant de la gélatine), le chocolat au lait, certains ustensiles ménagers, certaines courroies, les peaux (gilets, décoration), les poils (matelasserie, pinceaux, etc.), certains peignes, chausse-pieds, boutons (cornes et ongles), certaines colles utilisées en reliure et en ébénisterie, certaines gélatines, certaines huiles utilisées en horlogerie, les fleurs artificielles (réalisées avec des membranes intestinales du mouton), les cordes d'instruments de musique, de raquettes de sport, d'abat-jour, de blagues à tabac, certains sirops (sang), certains papiers (glaçage), certains engrais (sang), certains contreplaqués ou agglomérés (sang), etc. Il convient aussi de s'abstenir des spectacles avec des animaux, corridas et zoos bien sûr, mais aussi cirques, des promenades dans les forêts (pour ne pas écraser d'insectes), de l'usage de voitures ou motos (des centaines d'insectes écrasés sur les pare-brise ou casque). Quid également des vaccins testés sur des animaux ou des œufs ? La question des animaux domestiques divise, en revanche, les végans, comme celle des campagnes de dératisation ou de lutte contre les insectes[1]. Certains prônent la stérilisation des chiens et chats errants, envisagent l'interdiction absolue de tous les animaux domestiques, d'autres considèrent qu'existeraient des usages possibles des animaux, comme le plaisir de les regarder jouer ou courir librement. Exit cependant les animaux d'assistance (aux handicapés, aux secours) et de thérapie !

Le végan parfait pourrait être membre de la secte des jaïns en Inde qui se masquent la bouche pour ne pas avaler d'insectes, qui balaient en marchant pour ne pas écraser d'insectes, qui ne mangent pas des légumes racines pour ne pas tuer d'organismes vivants[2]...

---

1. Les végans ont choisi de taire leur aversion pour les animaux d'assistance, comme le chien d'aveugle, ou leur refus des campagnes de dératisation. Un tract distribué à 5 000 exemplaires dénonçait déjà il y a vingt ans une campagne de dératisation menée à Lyon.
2. Le penseur végan Gary Francione, que nous croiserons plus tard, se présente comme proche du jaïnisme.

Je profite de cette excursion indienne pour rappeler que le végétarisme ne concerne qu'un tiers de sa population, qu'il est instrumentalisé par l'extrême droite nationaliste, que les progressistes indiens le dénoncent comme une nouvelle forme de racisme antimusulman. Les universitaires rappellent que le bœuf était consommé à l'époque védique, que c'est seulement au profit de l'agriculture naissante que Bouddha imposa des limites au sacrifice des vaches afin de préserver le cheptel, et non d'abord par respect pour leur vie, que l'interdiction d'en manger est non seulement tardive mais qu'elle répond à un conflit d'intérêts entre l'empereur bouddhiste Ashoka (269-232 av. NE) et les brahmanes...

L'antispécisme faisait, il y a vingt ans, du refus de l'expérimentation son combat central. Comment comprendre sa fixation sur l'alimentation ? Je ne pense pas qu'il s'agisse d'une meilleure prise en compte des effectifs concernés, ni même du constat que beaucoup de tests ont été remplacés, mais du passage à une idéologie spirituelle de type New Age, fondée sur la tradition (antichrétienne) des interdits alimentaires et sur le choix, cette fois davantage chrétien, d'une stratégie de culpabilisation des individus. L'acte de manger de la viande redevient une sorte de salissure morale et ce refus existe sous sa version religieuse et dans des versions laïques. Je reste convaincu que beaucoup de végans, même athées, sont des religieux qui s'ignorent... Ce choix est enfin tactique puisqu'il est plus facile de mobiliser en faveur du végétarisme que pour l'élimination des animaux prédateurs !

“Beaucoup de végans, même athées, sont des religieux qui s'ignorent...”

Ami mangeur de viandes, de fromages et buveur de laits, ne te laisse plus insulter de « viandiste » et de « carniste », car tu ne manges pas uniquement de la viande, revendique être, au contraire, un omnivore libre !

Que comprennent les végans à la domestication ?

Les mouvements de défense des animaux font œuvre salutaire lorsqu'ils dénoncent le sort effroyable que le productivisme réserve aux animaux. Sans doute devrions-nous mieux les écouter lorsqu'ils proposent d'interdire certaines formes d'élevage, de transport, d'abattage ou de troquer nos œufs de poules malheureuses contre des œufs de poules heureuses. Qui ne serait pas en colère contre les formes monstrueuses que revêt la production industrielle de protéines animales ne méritant même plus le nom d'élevage ! Mais qui est responsable ? Les éleveurs et mangeurs de viandes, de fromages et buveurs de laits ou les lobbys de la viande, des céréales, du commerce, avec lesquels certains antispécistes pactisent volontiers[1] ?

Les végans, en assimilant tout élevage à de la domination, font la preuve qu'ils ne savent rien de l'élevage car ils se trompent sur la domestication. Je les invite à lire les spécialistes de la domestication pour ne pas mourir idiots au regard des dogmes qui leur servent d'idéologie à tout faire[2]. La vision végane est simpliste pour ne pas dire simplette, car elle prend au premier degré la parole de la Bible sur la domination des animaux. Les scientifiques sont beaucoup moins sûrs d'eux car ils avouent savoir peu de choses, les recherches sur la domestication végétale étant plus avancées. Ce qui est certain, c'est que la domestication a autant transformé les humains que les animaux, sur le plan génétique, comme l'atteste le fait que plus du tiers des humains possèdent un gène de la tolérance au lactose[3], mais aussi sur les plans anthropologiques, culturels, économiques… Ce qui est certain, c'est que les animaux ont joué

1. J'aborde plus loin cette question avec l'affaire Spira/Singer.
2. Jean-Pierre Digard, « Jalons pour une anthropologie de la domestication animale », *L'Homme*, 1988, t. 28, n° 108, *Les Animaux : domestication et représentation*, p. 27-58.
3. http://bit.ly/genetique_lactose

un rôle actif dans leur domestication, au point que de nombreux spécialistes parlent d'autodomestication, concernant, par exemple, le chien, le porc, le renne… Les animaux ont participé à leur propre domestication, car ils aimaient (et avaient besoin) des excréments humains. Les végans se trompent lorsqu'ils croient que les humains ont domestiqué les animaux pour leur voler leur viande, car l'élevage ne présente strictement aucun avantage par rapport à la chasse, pas plus, d'ailleurs, que l'agriculture par rapport à la cueillette. La viande n'a longtemps été (et le reste encore en partie) qu'un sous-produit par rapport à d'autres biens et services : nettoyage des excréments humains, lutte contre les rongeurs, auxiliaires de chasse ou de cueillette, garde, animaux de compagnie et de prestige, peaux, os, dents, défenses, cornes, bois, écailles, plumes, tendons, membranes, énergie (foulage, port, trait), excréments (fumier), œufs, graisse, abats, laits et fromages, etc. Les techniques d'élevage ont été adaptées selon les produits et services recherchés. N'existent donc pas un mais différents types de domestication, dans lesquels il s'agit de répondre aux besoins humains et animaux. Le parcage empêche autant la fuite des animaux qu'il assure leur protection ! C'est pourquoi l'anthropologue Edward Evans-Pritchard parle de symbiose entre le monde animal et les sociétés traditionnelles, à chaque personne peut correspondre (même au niveau de son nom) un animal ; chez d'autres peuples existe une correspondance entre lignages humains et lignées de bovins. Nous sommes donc à l'opposé d'une vision spéciste. Les humains n'ont pas domestiqué les animaux parce qu'ils se pensaient supérieurs à eux, mais *a contrario* parce qu'ils se jugeaient proches d'eux. Les humains ont autant produit des animaux pour pouvoir produire de la domestication qu'ils ont domestiqué des animaux pour en produire.

La vision végane relève volontiers de la religion et de ses multiples hérésies. Ne lit-on pas sous la plume d'Andrew Linzey, théologien et philosophe, membre du premier cercle antispéciste de l'université d'Oxford aux côtés de Peter Singer, que l'espèce humaine serait différente des autres parce qu'elle aurait été désignée par Dieu pour être l'espèce servante des autres animaux[1] ? Ce qui est grave, ce n'est pas de se tromper sur l'origine et la signification de la domestication, mais de conclure que toute domestication est exploitation. C'est non seulement faire du concept d'exploitation une notion si vague qu'elle ne veut plus rien dire et qu'elle peut être mise à profit par une partie des mêmes végans pour dénoncer l'exploitation des enfants par leurs parents, puisque toute éducation constituerait en soi une oppression[2]. C'est surtout, en imputant à l'humanité tout entière le crime d'« exploiter » les animaux, et ce depuis la nuit des temps, une façon de s'empêcher de penser ce que distingue l'élevage traditionnel de l'industrie, c'est dire que cette industrie ne serait pas pire que d'autres formes d'élevage ! Cette vision végane rend service à l'industrie de la viande, car en refusant de la distinguer de l'élevage traditionnel, elle peut finir par la défendre, sous prétexte que McDonald's compterait au rang des sociétés qui font le maximum pour améliorer le bien-être des animaux comestibles.

« Ce qui est grave, ce n'est pas de se tromper sur l'origine et la signification de la domestication, mais de conclure que toute domestication est exploitation. »

Que comprennent les végans du passage à l'agriculture ?

Les végans ne comprennent pas mieux l'agriculture que l'élevage, ce qui les conduits à reprendre à leur compte l'idéologie dominante selon laquelle le passage d'une alimentation carnée puis mixte

1. Andrew Linzey, *Théologie animale*, One Voice, 2009.
2. Yves Bonnardel, *La Domination adulte – L'oppression des mineurs*, Myriadis, 2015.

à une alimentation strictement végétale constituerait en soi une avancée de la civilisation. Cette mutation n'alla pourtant pas de soi, car la plupart des végétaux sont non comestibles en raison de leurs toxines dénommées « antialiments ». Une alimentation trop végétale contient, également, trop d'amidons et de sucres, ce qui surcharge les intestins, même préhistoriques, et favorise la prolifération des bactéries, en raison d'une fermentation importante, d'où des pathologies, que les végans d'aujourd'hui connaissent fort bien. Il fallut donc de bonnes raisons, autres qu'alimentaires, pour que nos ancêtres choisissent de devenir des mangeurs de céréales, plutôt que des chasseurs-cueilleurs, disposant d'une meilleure sécurité et diversité et de temps libre. Les vieilles thèses climatologiques et démographiques, la sécheresse imposant le recours aux semis face à une population plus importante, sont contestées car l'affaiblissement de l'humanité se produisit après la domestication végétale, donc après le passage à l'agriculture et non avant ! Une des thèses en vogue explique que les céréales, étant d'abord du sucre et des opioïdes, c'est-à-dire des substances appelées « exorphines », agissent sur le cerveau, un peu à la façon de l'opium, créant ainsi une dépendance. Des substances analogues existent dans le lait, mais l'exorphine des céréales est beaucoup plus puissante que la casomorphine du lait de vache[1]. D'autres thèses expliquent le passage à l'agriculture soit par un besoin social d'abondance, afin de pouvoir développer le commerce, soit en raison de la révolution des symboles et la transformation du psychisme humain[2]. J'ai montré, dans mon *Histoire politique de l'alimentation*, que l'agriculture a aussi marqué le renforcement des inégalités sociales et du séparatisme. L'agriculture a donc été

1. Cette distinction est reprise de l'étude publiée en 1979 par l'équipe de Christine Zioudrou et de Werner Klee de l'Institut national de la santé mentale des États-Unis (NIMH).
2. Jacques Cauvin, *Naissance des divinités, naissance de l'agriculture. La Révolution des symboles au Néolithique*, CNRS Éditions, coll. « Empreintes », 1994.

une façon de créer du pouvoir, de la domination, en même temps qu'elle a été une façon de produire des céréales. L'agriculture sélectionna des céréales annuelles car leur rendement est beaucoup plus fort, puisqu'il leur faut produire davantage de graines pour se reproduire. Mais ce qui est certain, c'est que cette agriculture céréalière est responsable de la destruction de la planète et notamment de la dégradation des sols, de ce véritable « nettoyage biotique » selon la formule d'Olivier Hillel[1]. Ce choix est problématique puisque les deux tiers des terres émergées sont inadaptées à ces cultures, car trop froides ou trop chaudes, trop sèches ou trop humides[2] ! Les végans n'auraient pas d'autres choix que de renforcer encore ces céréales considérées comme une des lèpres de la terre ! L'industrie aura bien besoin d'eux pour imposer ses solutions high-tech, comme les faire muter pour produire davantage de graines et plus grosses.

1. www.fao.org/3/a-a1250f.pdf
2. Pierre Blanc, *Terres, pouvoirs et conflits – Une agro-histoire du monde*, Presses de Sciences Po, 2018.

CHAPITRE 3

LE LOBBY DE LA VIANDE EXISTE, CELUI DES CÉRÉALES AUSSI

Les végans dénoncent vertement le lobby de la viande et ils ont raison. Ce lobby, qui défend les intérêts de quelques grandes firmes, a transformé l'élevage en industrie à produire au plus bas coût des protéines et a dicté de consommer toujours plus de mauvaises viandes produites industriellement. On ne parle même plus d'élevage mais de « *livestock genetics* ». Le lobby de l'industrie du bétail est parvenu à imposer de concert avec le lobby des céréales l'alimentation à base de fourrages et non plus d'herbage[1]. Cet élevage à base de fourrages industriels est responsable des deux tiers des émissions de protoxyde d'azote alors que l'élevage sur pâturage n'en produit presque pas et permet au CO_2 d'être absorbé par les sols.

Jusqu'où ira le lobby de la viande ?

Ce lobby des viandes développe des lignées industrielles de bovins, de porcs, de volailles, sélectionnées d'après les critères de l'élevage intensif et exigeant toujours plus d'aliments concentrés, de

1. François Purseigle (dir.), *Le Nouveau Capitalisme agricole : de la ferme à la firme*, Presses de Sciences Po, 2017.

“Aux États-Unis, les antibiotiques utilisés pour l’élevage représentent huit fois ceux consacrés à la santé humaine, en Chine la moitié environ, en Allemagne le tiers.”

médicaments, d’antibiotiques… Aux États-Unis, les antibiotiques utilisés pour l’élevage représentent huit fois ceux consacrés à la santé humaine, en Chine la moitié environ, en Allemagne le tiers. Conséquence : la recrudescence induite des bactéries résistantes est dénoncée par l’OMS comme l’une des plus grandes menaces pour la santé publique ! Cette industrie de la production animale, avec ses fermes géantes, est responsable de l’augmentation du risque des maladies animales infectieuses. La lutte contre les épizooties représente 17 % du chiffre d’affaires de l’industrie de l’élevage et atteint plus de 50 % dans certains pays du Sud. La Banque mondiale chiffre le coût de la grippe aviaire à 1 250 milliards de dollars. La seule épidémie de SARS aurait coûté entre 30 et 50 milliards de dollars… Cette industrie repose sur une sélection totalement irresponsable pour le futur : un même coq peut avoir 28 millions de descendants, les gènes de millions de bovins et porcins sont issus de moins de cent animaux, une vingtaine seulement pour les volailles. La diversité génétique est définitivement réduite !

La cécité des végans face au lobby céréalier

Le lobby des céréales n’a cependant rien à envier à celui de la viande. La cécité des végans ne s’explique pas par leurs carences alimentaires, mais par leurs œillères idéologiques qui les font ressembler aux trois « singes de la sagesse », le premier qui ne voit pas, le deuxième qui n’entend pas, le troisième qui ne parle pas… Pire encore, ces végans se font volontiers les complices des plus grandes firmes et notamment du lobby des céréales (voir p. 58) ! Le lobby de la viande s'invite, certes, à l'école, mais toujours en bonne compagnie, puisque le lobby des céréales l'accompagne, le précède ou lui succède.

Rien n'est plus stupide que d'opposer ces deux lobbys tant leurs intérêts convergent, au point que les grandes firmes agissent dans les deux domaines. C'est la même firme qui développe le maïs hybride et le poulet hybride, ce sont les mêmes sociétés qui produisent des céréales, du soja et du fourrage !

Les lobbys de la viande sont les mêmes que ceux des céréales et légumineuses. Leur but : nous faire manger ce qui leur rapporte le plus à un moment donné, de la viande hier, des céréales aujourd'hui, de la fausse viande demain... L'industrie nous fait manger de la viande pour nous faire manger des céréales !

Cette industrie est particulièrement concentrée, agressive et conquérante, Cargill et Continental contrôlent chacune 25 % du commerce des céréales, cinq sociétés contrôlent 75 % du maïs, quatre contrôlent 80 % du soja, etc. Ces céréales killers se sont imposés en faisant baisser les prix des denrées au-dessous du coût de revient réel en échange de subventions gouvernementales. Elles se sont ainsi approprié les semences, leur ADN, les variétés agricoles... Le marché des céréales est en tête des productions agricoles en termes de volume et en deuxième place en termes de valeurs, après les fruits et légumes. Ces firmes ont imposé les variétés les plus productives grâce à la biologie moléculaire et aux biotechnologies, mais ces céréales n'atteignent les performances promises qu'à grand renfort d'engrais chimiques, de pesticides, d'herbicides, de fongicides, d'irrigation massive et dévastatrice. Conséquence : 75 % des variétés agricoles végétales devraient disparaître avant 2050 ! Les paysans se trouvent sous leur contrôle tant pour le rachat à bas prix du soja, du blé, du maïs que pour le coût élevé des semences, des pesticides et herbicides, des engrais, tout comme les éleveurs le sont en matière de fourrages

> « 90 % de l'alimentation pour les saumons d'élevage dépend de trois compagnies ! »

industriels. Quelques firmes contrôlent une part importante de ce fourrage : 90 % de l'alimentation pour les saumons d'élevage dépend de trois compagnies !

Les principaux fabricants d'aliments végans ne sont pas par hasard la propriété des plus grandes firmes agricoles et leurs véritables propriétaires, directement ou indirectement, sont Dupont, Bayer, ExxonMobil, General Electric, Microsoft, Pfizer, Philip Morris, Walmart, Danone, Coca-Cola ; certaines de ces entreprises appartiennent au Top 100 des pollueurs atmosphériques, classement élaboré par l'Institut de recherche en politique économique de l'université du Massachusetts.

Le groupe français Avril, au chiffre d'affaires de 7 milliards d'euros, spécialiste des huiles et protéines végétales, possède un quasi-monopole sur la production du biodiesel, lequel émet 80 % de plus de gaz à effet de serre que le diesel[1]... Il est également l'un des leaders mondiaux de l'alimentation animale.

La société Cargill, avec un chiffre d'affaires de 140 milliards de dollars, est le principal marchand de grains au monde et le deuxième marchand de viande, le deuxième plus grand propriétaire d'établissements d'élevages intensifs...

Le lobby financier en embuscade

Le lobby financier risque fort de redistribuer prochainement les cartes car le monde des affaires s'intéresse massivement aux biotechnologies alimentaires. Nous en avons un bon indice avec la lettre envoyée au secteur agroalimentaire par une quarantaine

1. http://bit.ly/biocarburantsCO2

de sociétés d'assurances réclamant moins de protéines animales et approuvée par une soixantaine de gros investisseurs anglo-américains représentant 2,4 billions de dollars, comprenant, notamment, Walmart, Kraft Heinz, Unilever, Costco, Tesco[1]... Ces investisseurs, qui exigent des alternatives biotechnologiques à la viande, rappellent aux industriels que le marché des protéines végétales devrait croître, selon toutes les études, de plus de 8 % par an, pour atteindre 5 milliards de chiffre d'affaires d'ici à 2020. On retrouve, sans surprise, à la tête de cette initiative, Jeremy Coller, l'une des personnes les plus influentes mondialement, en matière de capital-investissement et qui fut désigné, en 2013, par *Financial News*, comme personnalité européenne de la décennie. Membre de nombreux conseils d'administration de grandes firmes mais aussi d'universités (dont celle de Tel-Aviv[2] spécialisée dans la viande cultivée), il est très impliqué dans la lutte contre l'industrie de la viande, mais non pas pour revenir à des formes d'élevage traditionnel, respectueuses des animaux et des mangeurs, mais pour développer des substituts aux protéines animales. Sa fondation finance naturellement de nombreuses associations véganes[3].

Le monde des affaires est très présent au sein du mouvement animaliste. Laurence Parisot, ancienne patronne des patrons (Medef), ne propose pas seulement des maisons de retraite pour chevaux de selle, mais se positionne, selon *Valeurs actuelles*, pour prendre la tête de la Fondation Brigitte-Bardot. Laurence Parisot se dit indignée par l'existence d'animaux de traits, alors qu'on commercialise, depuis des décennies, des machines agricoles autoportées. Faut-il lui rappeler qu'il n'y a que 27 millions de tracteurs dans le monde et que l'immense majorité des paysans ne disposent, au mieux, que de la traction animale ? Louis Schweitzer, ancien

1. http://bit.ly/AlimentationFutur
2. Il a fait un don, en 2016, de 50 millions de dollars à la faculté de gestion de l'université de Tel-Aviv, qui a pris le nom de Faculté de gestion Coller.
3. http://bit.ly/meat2plants

patron de Renault, mais aussi du Medef international, préside la Fondation droit animal, éthique et sciences.

Ces défenseurs des animaux ne sont pas des adeptes de la remise en cause du productivisme, mais d'une fuite en avant industrialiste-biotechnologique ! Mais pourquoi la finance souhaiterait-elle, aujourd'hui, en finir avec l'élevage ? Mais tout simplement parce qu'existent de nouveaux débouchés pour les céréales, beaucoup plus rentables, qu'il s'agisse des bioénergies, de la chimie du végétal (produits cosmétiques, lubrifiants, etc.), des biomatériaux, de la fausse viande ; parce que l'industrie de la viande se trouve dans une impasse, puisque entre le tiers et la moitié des volailles et des porcs décèdent avant l'abattage ; parce que l'opinion publique prend peur face aux pandémies (vache folle, poulet fou, etc.) et qu'elle résiste aux fausses-bonnes solutions comme la viande clonée, le veau aux hormones, les animaux OGM ; parce que le taux de profit sera indéniablement plus élevé avec de la fausse viande, notamment végétale, puisque le coût-matière moyen des produits alimentaires à base de céréales est d'environ 10 %, alors que celui des produits à base de viandes atteint 60 % ; parce que les céréales et la fausse viande constituent le produit rêvé sur le plan industriel, en termes de stockage, de transport, de fongibilité, de stabilité, etc.

Les fermes géantes se développent et font un excellent business, mais, d'abord, en vendant les excréments d'animaux transformés en énergie. L'herbe présente un gros défaut, elle n'est pas un bon produit industrialisable, elle ne permet pas davantage de créer une mise en dépendance des fermiers ! Lierre Keith a donc raison : les céréales sont une marchandise, l'herbe est un aliment !

Ce lobby, qui a su imposer au XXe siècle de nouvelles pratiques alimentaires, peut parvenir à reformater nos comportements en ce début de XXIe siècle. L'industrie financière peut réussir son OPA contre la viande car elle dépense davantage que celle du tabac pour faire du lobbying auprès des médecins, des scientifiques, de la presse, des pouvoirs publics, de l'opinion publique. Elle sait jouer sur la sensibilité induite par l'artificialisation de nos existences, c'est pourquoi le végan est davantage un urbain qu'un rural, un membre des classes moyennes ou supérieures qu'un membre des milieux populaires. Le gouvernement nord-américain a ainsi manipulé tout le monde durant des décennies en créant une fausse causalité entre les graisses animales et les maladies coronariennes, mais le mensonge était tellement gros que les dernières recommandations officielles de l'OMS n'en font même plus cas[1]. Cette « hypothèse lipidique » a été présentée comme une certitude pour diaboliser l'alimentation carnée et vendre des fausses graisses à base d'huile végétale polyinsaturées modifiées chimiquement pour les rendre agréables au goût... Nous en connaissons la conséquence avec l'explosion du diabète de type 2 ! J'avais été invité, il y a plus de vingt ans, à un colloque national de nutritionnistes, organisé par un laboratoire spécialisé dans les médicaments antidiabète. Face au péril que j'annonçais, la réponse était simple, nous avons déjà la solution médicale ! J'en profite pour préciser que « graisse saturée » ne signifie pas « mauvaise graisse », comme l'entendent beaucoup de personnes, mais qu'un acide gras saturé est un acide gras ayant des atomes de carbone totalement saturés en hydrogène, cette saturation les rendant stables à la chaleur.

Ces végans au secours de la grande industrie

J'avais espéré une alliance possible entre les adeptes du manger bon, sain et juste et les activistes végans, mais je dois reconnaître mon erreur stratégique, car ces derniers préfèrent pactiser avec les grandes firmes industrielles. Il faut dire que l'exemple vient de

1. www.letemps.ch/sciences/gras-un-ennemi-coeur-un-mythe-dapres-une-vaste-etude

(très) haut puisque c'est dieu le père de la libération animale, Peter Singer, qui a validé l'alliance avec les géants de l'industrie agroalimentaire (donc aussi chimique et pharmaceutique), à travers son éloge, plus qu'appuyé, d'Henry Spira (1927-1998), militant des droits des animaux, fondateur, en 1974, du mouvement Animal Rights International. Peter Singer publie, en 1998, *Ethics into action : Henry Spira and the Animal Rights Movement*, une biographie de Spira (mort d'un cancer de l'œsophage), lequel passa une bonne partie de sa vie à persuader les grandes firmes qu'il était de leur intérêt bien compris d'améliorer le sort des animaux, que l'antispécisme était du côté d'une stratégie « gagnant-gagnant » pour le capitalisme, etc. C'est lui qui persuada les sociétés Noxell, Avon, Revlon de cesser certains tests sur les animaux, c'est lui qui lava ensuite plus blanc ces sociétés cosmétiques, car les actions de PETA[1] s'attaquaient à ces entreprises qui avaient fait le plus d'efforts pour réduire l'expérimentation, alors qu'elles n'étaient responsables que d'un pourcentage ridicule des animaux soumis à des tests, c'est lui qui se porta à la défense de Procter & Gamble face aux groupes de défense des animaux, car en présentant cette firme comme l'ennemi numéro un, on faisait passer un message désastreux aux autres entreprises capitalistes, c'est lui qui lança la campagne pour convaincre McDonald's puis KFC et Burger King de jouer un « grand rôle » dans l'amélioration du bien-être des animaux.

Cette stratégie d'alliance avec le monde des grandes sociétés suscitera des réactions indignées de la part de certains antispécistes, non pas parce qu'il faudrait défendre une agriculture et un élevage paysans, mais parce que toute amélioration du sort des animaux serait contre-productive, donc à refuser ! C'est le cas de Gary

1. PETA (People for the Ethical Treatment of Animals) France est une association dédiée à établir et protéger les droits de tous les animaux.

Francione[1], professeur à l'université de Virginie (États-Unis), l'un des principaux théoriciens du courant antispéciste, car, selon lui, le travail pour rendre l'abattage plus humain, loin de servir les intérêts des animaux, augmenterait la consommation carnée en dédouanant les mangeurs : « Les réformes visant à améliorer le bien-être animal ne sont pas un petit pas en avant mais un grand pas en arrière » ; « Les louanges adressées à McDonald's par PETA et Singer vont, je le crains, beaucoup faire pour accroître la souffrance animale parce que le grand public se sentira beaucoup plus à l'aise en mangeant chez McDo du fait qu'il est maintenant identifié par d'éminents défenseurs des animaux comme une société qui prend le bien-être au sérieux[2] ».

Les végans sont donc bien partisans de la politique du pire, soit en s'alliant avec les grandes firmes, soit en refusant de meilleures conditions pour les animaux.

« Les végans sont partisans de la politique du pire, soit en s'alliant avec les grandes firmes, soit en refusant de meilleures conditions pour les animaux. »

1. On peut lire de lui en français : *Introduction aux droits des animaux*, L'Âge d'Homme, 2015 et en collaboration avec Anna Charlton, *Petit Traité de véganisme*, L'Âge d'Homme, 2015.
2. www.cahiers-antispecistes.org/welfarisme/

CHAPITRE 4

LES VÉGANS, VRP DES BIOTECHNOLOGIES

Les végans ne se contentent pas de nier l'existence du lobby céréalier, ils jouent aux vierges effarouchées lorsqu'on les accuse d'être les idiots utiles du capitalisme et clament vouloir combattre, eux aussi, le productivisme. L'idiot utile est justement quelqu'un de bonne foi qui se trompe de combat et sert des intérêts qui ne sont pas ceux qu'il prétend défendre le cœur sur la main. La carte des activistes végans recouvre, presque parfaitement, celle des pays où l'industrie a choisi de modifier le contenu de nos assiettes, de sacrifier des centaines de millions d'éleveurs et de rendre impropre à la production alimentaire le tiers des terres émergées inaptes à l'agriculture...

Le secteur des fausses viandes

J'ai demandé, pour un numéro spécial de la revue *Les Zindigné.e.s*, à Pierre Silberzahn, l'un des meilleurs spécialistes mondiaux de la viande, de nous parler des nouvelles filières de production. À côté de la viande « à l'ancienne » se développent quatre nouveaux modes de production de « viande » dont le modèle reste la « viande » utilisable dans les hamburgers et saucisses : « Les viandes végétales, simili-viandes dont les protéines sont issues de sources végétales légumineuses (soja, pois) ou céréales. » Ces viandes végétales constituent de véritables miracles technologiques car, comme le démontre Pierre Silberzahn, rien n'est plus difficile que d'en fabriquer : « La start-up Impossible Foods a lancé l'Impossible Burger, un burger 100 % végétarien en 2016. Il s'en est déjà écoulé 1,3 million en 2017, et 2,5 millions depuis le début de l'année 2018. Entre les deux buns, pas de bœuf, mais un steak high-tech, à base de protéines de blé et de pomme de terre, de noix de coco... et de "sang" de synthèse produits par des levures génétiquement modifiées qui, dotées d'un gène issu du soja, sécrètent un liquide rouge ressemblant à s'y méprendre à du sang. "Notre objectif est de remplacer toute la viande animale d'ici à 2035", dit Patrick Brown, son fondateur. La viande cellulaire *(cellular ag)* ou *"clean meat"* obtenue par multiplication de cellules animales à partir d'un échantillon de cellules musculaires prélevées sur un animal et mises en culture [...] La viande a-cellulaire *(a-cellular ag)* dont les protéines sont synthétisées par des micro-organismes, levures, bactéries, algues ou champignons... génétiquement modifiés [...] Autrement dit, alors que l'agriculture cellulaire *(cellular ag, clean-meat)* produit des cellules, les protéines produites par l'agriculture a-cellulaire sont synthétisées par des cellules. L'agriculture a-cellulaire ne vise pas la production de simili-viande mais de protéines alimentaires, gélatine, blanc d'œuf, lait[1]. »

Ce secteur des « fausses viandes » a déjà tout un lexique à sa disposition, puisqu'il parle de « viande propre » et de « viande cultivée ». Ces grandes firmes sont prêtes à imposer des ersatz de viande, qu'il s'agisse des viandes végétales, à base de soja, mais aussi de colza, de pois, de pommes de terre, de blé, d'orge, ou

1. Pierre Silberzahn, « Le secteur des fausses viandes », *Les Zindigné.e.s*, 2018, n° 50.

des viandes de culture, fabriquées à partir de cellules-souches. C'est le choix effectué, pour nous, sans nous demander notre avis, par des start-up liées à l'industrie financière puis agro-alimentaire, comme Modern Meadow, Memphis Meats, Hampton Creek Foods, Beyond Meat, etc. Modern Meadow a mis au point, en liaison avec l'université du Missouri, et grâce à des sociétés de capital-risque, une « viande » par impression 3D. Vous avez bien lu, il s'agit d'utiliser le procédé d'impression par couche, mais en employant une cartouche de cellules, qui, une fois imprimées, donnent une matière vivante. Memphis Meats produit de la « viande » à partir de cellules de bœufs et de porcs, cultivées dans des cuves de bio-incubateurs et remplacera, à terme, les cellules d'animaux abattus par du sérum de bœuf. Un laboratoire de l'université de Maastricht (Hollande) a réalisé un steak à partir de cellules-souches de vache, il s'agit, en vérité, d'un assemblage de 3 000 petits morceaux de viande de cellules et de 200 morceaux de graisse animale. Parmi ces substituts de viandes existent depuis 1985 des produits à base de mycoprotéines fabriqués à partir d'un champignon cultivé en fermenteur.

Qu'on ne me dise pas que les végans s'opposent à ces monstruosités ! La société animaliste PETA proposait, dès 2012, un million de dollars au premier scientifique développant une viande de poulet totalement synthétique. Les sites végans relaient les appels au financement lancés par des start-up et regorgent de déclarations d'amour envers la viande cultivée !

Clean Meat – How Growing Meat Without Animals Will Revolutionize Dinner and the World, ouvrage de l'activiste végan Paul

> “La société animaliste PETA proposait un million de dollars au premier scientifique développant une viande de poulet totalement synthétique.”

Shapiro, a été désigné comme best-seller par le *Washington Post* en janvier 2018. Son auteur est le meilleur propagandiste de la « viande propre ».

Ne nous leurrons pas, tout est prêt pour imposer ces fausses viandes. On dépose des milliers de brevets, on calcule le retour sur investissement. On joue à merveille sur la sensibilité à l'égard de la souffrance animale. Jack Welch, ancien P.-D.G. de General Electric est associé dans le capital de la start-up californienne Memphis Meats, afin de fabriquer de la viande cultivée à partir de cellules-souches (17,5 millions de dollars de premier investissement). Ce dernier explique que le réchauffement climatique serait une névrose de masse et constituerait une revanche du socialisme contre le capitalisme. Cargill, géant américain de l'alimentation (avec 110 milliards de chiffre d'affaires en 2017), est la première entreprise productrice de viande à investir dans la viande cultivée. Richard Branson, fondateur du groupe Virgin, se dit convaincu que, dans trente ans, toute la viande sera « propre » (cultivée) ou à base de plantes, racines. Bill Gates et sa fondation investissent massivement dans le domaine de la fausse viande, notamment dans une société produisant des hamburgers sans viande. Cette start-up, Impossible Foods, a levé plus de 250 millions de dollars pour fabriquer de la fausse viande à partir de léghémoglobine de soja. Bill Gates investit aussi dans la production d'œufs de synthèse (œufs créés sans poule). Sundar Pichai, P.-D.G. de Google, est bien sûr (ovo)végétarien, d'autant plus que sa firme investit largement dans la propagande en faveur d'une agriculture bio-tech. Comment oublier la famille Clinton, Bill et Hillary, végétariens de choc et dont les principaux donateurs se trouvent être Bill Gates et Monsanto.

Israël, terre promise des végans

Les végans désignent Israël comme leur terre promise[1] car une fraction importante de la population se serait convertie en quelques années, au point que Tsahal propose désormais une alimentation et des uniformes végans. Israël est le seul pays du monde où McDonald's propose une offre végétalienne complète avec notamment des saveurs végétaliennes pour sa crème glacée. Le Premier ministre, Benjamin Netanyahou, souhaite imposer des lundis sans viande, tandis que la Végan Festival attire plus de 10 000 visiteurs par an.

Les faits sont assez têtus pour permettre de raconter une tout autre histoire. Cette pseudo- « première nation végane[2] » (comme on peut le lire) reste l'un des pays au monde qui consomment le plus de viande, notamment de poulets, mais les végans avec 8 % n'y sont guère plus nombreux qu'ailleurs dans le monde. Israël a été, en revanche, le laboratoire d'une expérience grandeur nature, en matière de conversion, puisque 60 % des téléspectateurs réguliers de l'émission de télé-réalité « Big Brother » auraient changé leur façon de manger[3]. Tal Gilboa (née en 1978), fondatrice du Front israélien de libération des animaux en 2013, a remporté la sixième édition de « Big Brother » en 2014, en utilisant l'émission, avec la complicité de la production, pour propager en prime time le véganisme, et ce durant trois mois et demi... *Végan France* titrait le 10 février 2016 : « Une activiste végane remporte "Big Brother" ». Elle portait pour la finale un T-shirt « Go Végan », son opposant en finale (Eldad) était aussi végan, comme d'ailleurs quatre des dix-huit occupants de la « maison ». On sait aujourd'hui qu'elle a bénéficié d'une véritable mise en scène, un autre candidat était un

---

1. www.parismatch.com/Actu/International/Israel-terre-promise-des-vegans-1322075
2. https://penseravantdouvrirlabouche.com/2014/09/12/vegan-israel/
3. 60 % des téléspectateurs disent avoir changé leur alimentation grâce à Big Brother/ Tal Gilboa, selon un sondage de *Globe*.

pseudo-éleveur bovin engagé par la production et dont le rôle était de provoquer et de pousser la participation végane, la production a même autorisé l'ami de Tal à venir parler de véganisme devant les résidents de la « maison » et leur a projeté une vidéo sur l'industrie des œufs, de la viande et du lait, séance enregistrée puis projetée à la télévision, avec une séquence montrant les résidents fondant en larmes. Yoram Zack, directeur de la production, a prononcé un discours après sa victoire : « Il y a cent neuf jours vous êtes entrée dans la maison pour accomplir une mission. Vous êtes venue ici pour servir de voix à ceux qui ne peuvent pas parler[1]. »

Cette belle aventure n'est pas sans lien avec le fait que le gouvernement israélien a choisi de faire de ces biotechnologies un secteur de pointe : 1 350 firmes, dont 612 créées depuis 2007, mobilisent 20 % des investissements. Un exemple : la start-up SuperMeat commercialise une viande « vegan friendly », grâce à un blanc de poulet issu de cultures cellulaires. Les cellules sont prélevées par biopsie puis cultivées industriellement en laboratoire, elles se nourrissent d'acides aminés d'origine végétale et de glucose. L'association L214 a relayé l'appel aux dons à SuperMeat sur Facebook. Le professeur Yaakov Nahmias, cofondateur et directeur de recherche de SuperMeat, est aussi directeur du Grass Center for Bioengineering de l'université hébraïque de Jérusalem et membre du Broad Institute of Massachusetts Institute of Technology (MIT) and Harvard. Ces projets sont soutenus par des organisations comme l'ONG A Well-Fed World (Un monde bien nourri) qui distribue de l'alimentation végane aux nécessiteux. Cette ONG travaille avec le Fonds international pour l'Afrique afin de généraliser des repas scolaires strictement végétariens (Éthiopie). La Modern Agriculture Foundation et l'université de Tel-Aviv ont lancé, en 2014, un projet de viande de poulet cultivée, sous la direction d'Amit Gefen, un des principaux experts mondiaux en ingénierie tissulaire.

1. www.vegan-france.fr/blog/une-activiste-vegane-remporte-big-brother/

Gary Yourofsky, le meilleur VRP végan

L'activiste nord-américain Gary Yourofsky (né en 1970) est devenu un des nouveaux visages du véganisme israélien, malgré/grâce à ses dérapages. Il ne recycle pas seulement les plus vieux clichés du végétarisme, l'humanité serait herbivore, toutes les maladies majeures seraient dues à la consommation carnée, car il se veut ouvertement misanthrope et « dérape » souvent : « Au fond de moi, j'espère sincèrement que l'oppression, la torture et le meurtre se retournent dix fois contre les hommes qui s'en moquent ! Je souhaite que des pères tirent accidentellement sur leurs fils à l'occasion des parties de chasse, pendant que les carnivores succombent lentement à des crises cardiaques. Que chaque femme emmitouflée dans la fourrure doive endurer un viol si vicieux qu'elle en soit marquée à vie. Et que chaque homme couvert de fourrure se fasse sodomiser si violemment que ses organes internes en soient détruits. Que chaque cow-boy et chaque matador soit encorné jusqu'à la mort, que les tortionnaires du cirque se fassent piétiner par des éléphants et lacérer par des tigres[1]. »

> “Gary Yourofsky : 'Au fond de moi, j'espère sincèrement que chaque femme emmitouflée dans la fourrure doive endurer un viol si vicieux qu'elle en soit marquée à vie.'”

Gary Yourofsky a pris position en faveur d'Israël contre la Palestine : « Alors que les Israéliens sont dans un processus de destruction des industries de viande, de produits laitiers et d'œufs – ce qui amènera à l'éradication des camps de concentration pour les animaux –, les Palestiniens et leurs sympathisants “droitdelhommistes”, psychotiques, sont en train de CONSTRUIRE encore plus de

1. http://bit.ly/DroitsAnimauxVegetalisme

camps pour les animaux ! […] Les Palestiniens sont le problème. C'est le groupe de personnes le plus psychotique du monde[1]. »

Cette position n'est malheureusement pas isolée. Eyal Megged appelle Netanyahou à faire d'Israël la terre des droits des animaux plutôt que de chercher inutilement une paix impossible avec les Palestiniens[2]. Aeyal Gross, professeur israélien de droit international, s'insurge : « Le végétarisme devient un outil pour améliorer l'image des forces de défense israélienne, ou celle d'Israël dans son ensemble […] À Tel-Aviv aujourd'hui, il est beaucoup plus facile de trouver de la nourriture dont la préparation n'a pas impliqué l'exploitation des animaux que de trouver une nourriture dont la production n'a pas entraîné l'oppression et le déracinement d'autres êtres humains[3]. »

Ami végan, si tu considères que l'industrialisation et l'artificialisation du monde sont une mauvaise chose, peut-être devrais-tu reconsidérer tes choix alimentaires ?

Ami mangeur de viandes, de fromages et buveur de laits, si tu vomis ce que le productivisme et le capitalisme font à ton alimentation, peut-être devrais-tu aussi reconsidérer l'ensemble de ton mode de vie !

---

1. http://bit.ly/GYourofsky
2. www.haaretz.com/opinion/.premium-vegan-while-occupying-1.5290150
3. Yourofsky n'est pas seulement le gourou des végans israéliens mais mondiaux. Sa conférence intitulée « Le discours le plus important de votre vie » bénéficie de plus de quatre millions de vues sur YouTube et de dizaines de millions pour les versions sous-titrées… Il commence son activisme animaliste, dès 1996, en fondant une première association végane forte de 2 000 membres et réalise des actions illégales aux côtés de l'ALF, il est arrêté et condamné à de la prison, mais n'effectue qu'une faible partie de sa peine. Il est recruté par PETA pour réaliser une campagne contre l'esclavage des animaux dans les cirques, puis comme conférencier. Il rompt avec PETA, en 2005, en la qualifiant d'entrave au mouvement de libération animale. Il est interdit de séjour dans plusieurs pays (Canada, Grande-Bretagne). Il est le principal propagandiste mondial du véganisme et multiplie les interventions dans les écoles et estime convertir, chaque fois, 15 à 20 % des élèves.

DEUXIÈME PARTIE

LE VÉGANISME, UNE ALIMENTATION FAMINEUSE

CHAPITRE 1

LES VÉGANS NOUS SAUVERONT-ILS DE LA FAIM DANS LE MONDE ?

Les omnivores seraient responsables de la famine dans le monde car il faudrait davantage de calories végétales pour produire une seule calorie animale. Les mangeurs de viande seraient donc collectivement responsables du milliard d'humains sous-alimentés. Salauds de viandistes, salauds de charognards !

Combien un omnivore affame-t-il d'autres humains ?

Cette thèse a pour elle l'apparence de la simplicité, mais elle est fausse. Il n'existe pas de concurrence entre les besoins des animaux et ceux de l'alimentation humaine, tout dépend du type d'élevage considéré. Les chiffres baissent d'ailleurs au fur et à mesure que les années passent. Un omnivore affamait vingt personnes vers 1850-1900, il n'en affame plus « que » deux à cinq[1].

1. Agrimonde INRA-CiRAD.

Je connais bien ces chiffres, les utilisant moi-même pour faire prendre conscience de l'état actuel de l'agriculture qui est parvenue à cette situation folle qu'elle consomme davantage de calories qu'elle n'en apporte, ce qui explique qu'elle soit classée comme problème de sécurité nationale par les États-Unis. La CIA a mesuré qu'il faut aujourd'hui 4 à 10 calories pour 1 calorie alimentaire. Un hectare de maïs nord-américain consomme donc 200 litres de pétrole.

Pour produire 1 kilo de viande de bœuf, il faut 7 à 10 kilos d'aliments.

Pour 1 kilo de viande de porc, il faut 4 à 5,5 kilos de céréales.

Pour 1 kilo de viande de volaille, il faut 2,1 à 3 kilos de céréales[1].

On peut se contenter d'agiter ces chiffres comme un chiffon rouge, mais on peut aussi prendre conscience que tout dépend du type d'élevage pratiqué. Les calories consommées par la vache au pâturage ne sont pas consommables directement par les humains : « Le bœuf au pâturage est une merveilleuse machine à transformer l'énergie solaire en protéines. L'herbe absorbe le CO_2 de l'atmosphère, stocke le carbone et rejette l'oxygène. Il mange l'herbe et grâce aux micro-organismes de son rumen, il transforme l'herbe en acides gras. Le métabolisme des acides gras et la digestion des micro-organismes de son rumen permettent la synthèse de ce qui sera la viande[2]. »

Les terres agricoles consacrées à la production animale atteignent 80 % du total, mais sur ces 4,9 milliards d'hectares, 3,4 sont des prairies servant au pâturage.

Le vrai scandale, c'est que se développe l'élevage industriel qui utilise davantage de productions végétales comme des céréales et moins d'herbe.

---

1. Source FAO, 2006.
2. Pierre Silberzahn, *Le Blues du carnivore*, L'Harmattan, 2018, p. 152.

Le vrai scandale, c'est qu'une part croissante des productions végétales soit utilisée pour produire de l'éthanol et du bioéthanol pour nourrir nos voitures.

Le vrai scandale, c'est que nos aliments soient devenus des pétro-aliments. En 1940, une ferme produisait deux calories d'énergie alimentaire pour chaque calorie d'énergie fossile utilisée, en 2018, elle en consomme plus qu'elle n'en produit !

« Le vrai scandale, c'est qu'une part croissante des productions végétales soit utilisée pour produire de l'éthanol et du bioéthanol pour nourrir nos voitures. »

Ami végan, la richesse de Cargill et de Monsanto se trouve dans le prix bas du pétrole, car il faut environ 1 litre de pétrole pour produire 16 litres de maïs... Les céréales à bas coût expliquent les guerres pour le contrôle du pétrole !

Ami mangeur de viandes, apprends à regarder les étiquettes, exige de nouveaux labels, manger de la viande produite localement, c'est bien ; mais manger de la viande locale élevée en pâturage, c'est vraiment mieux ! La faim dans le monde n'est pas due à la consommation de viande, mais à la course aux profits qui impose notamment de nourrir les vaches avec de l'ensilage de maïs.

Comme le déplore mon ami Jean Ziegler (ancien porte-parole de la FAO, vice-président de la Commission des droits de l'homme de l'ONU), toutes les cinq secondes un enfant de moins de 10 ans meurt de faim dans le monde. L'agriculture mondiale pourrait pourtant, déjà, nourrir dix milliards d'humains. Ziegler a raison : un enfant qui meurt de faim est un enfant assassiné. Est-ce toi amateur de laits, de fromages ou de viandes qui serait responsable ?

Les végans lavent plus blanc

Ce discours des végans passe par pertes et profits la responsabilité des 200 sociétés qui contrôlent le quart des ressources productives mondiales. Ces sociétés disposent de moyens supérieurs à ceux de beaucoup d'États. Elles exercent un monopole de fait sur l'ensemble de la chaîne alimentaire. Ces sociétés, ennemies du droit à l'alimentation, sont d'abord les marchands de grains qui contrôlent les engrais, les pesticides, le stockage, les transports, la formation des prix agricoles... Jean Ziegler ajuste la mise : parmi ces 200 sociétés, dix contrôlent à elles seules le tiers du marché des semences, six contrôlent presque 80 % du marché des engrais. Ce sont ces oligopoles qui affament les peuples, pas les amateurs de viandes, de fromages et de laits !

Les végans, idiots utiles du capitalisme, s'acoquinent avec ces sociétés transnationales pour dissimuler les causes véritables de la faim dans le monde. Pour les grandes firmes, c'est une productivité insuffisante qui expliquerait l'existence d'un milliard d'humains sous-alimentés ; pour les végans, les responsables seraient les mangeurs de produits animaux et dérivés. Tous les deux se retrouvent pour dire qu'il faut davantage d'industrialisation de l'agriculture, de biotechnologies, notamment dans le secteur des viandes.

Quid, dans la littérature proliférante des végans, du vol des terres par les pays du Golfe, la Chine ou l'Inde pour s'approvisionner en céréales et en viandes ? Quid des inégalités de distribution de richesses, alors que nous savons depuis Josué de Castro[1] qu'elles sont les premières responsables des famines ? La confédération internationale paysanne Via Campesina ne se trompe pas d'adversaires. Elle sait que la fin de l'élevage traditionnel sonnerait le glas pour des dizaines de millions de petits paysans dans le Sud. Eux

1. Josué de Castro, *Géopolitique de la faim*, Les Éditions Ouvrières, 1971 (nouv. éd. revue et augmentée).

connaissent les bons combats qu'il faut mener, loin des chimères véganes : combattre la corruption des dirigeants de nombreux pays, donner la priorité au droit à l'alimentation, interdire la spéculation boursière sur les aliments de base, prohiber les agrocarburants à partir de plantes nourricières, protéger les paysans contre le vol des terres, défendre une agriculture paysanne, un milliard de petits paysans plutôt que 500 000 agro-managers de fermes géantes, défendre les semences paysannes et la biodiversité en plein champ, miser sur les savoir-faire traditionnels, avec des fermes couplant agriculture et élevage, etc. Mais les grandes firmes qui contrôlent l'agriculture bénéficient aussi du soutien des « trois cavaliers de l'apocalypse » comme les nomme Jean Ziegler : l'OMC, le FMI, et, dans une moindre mesure, la Banque mondiale, tous responsables de la libéralisation des échanges, du renforcement de la concurrence entre des agricultures extrêmement inégales, de l'instabilité des prix. Le libre-échange tue chaque année des millions d'humains, pas la consommation carnée !

Les végans dépolitisent donc bien la question alimentaire ; lorsqu'ils clament que leur combat est politique, il faut entendre que leur objectif est de parvenir à faire interdire la viande, le fromage et le lait. L'universitaire américain Erik Marcus soutient ainsi qu'il faut démanteler toute l'industrie de la viande[1].

Une agriculture sans élevage est-elle possible ?

Notre texte « Pourquoi les végans ont tout faux[2] » soutenait que la généralisation du véganisme engendrerait une agriculture famineuse préjudiciable à l'humanité. Yves Bonnardel des *Cahiers*

1. Erik Marcus, *Meat Market – Animals, Ethics and Money*, Brio Press, 2005.
2. *Libération* du 18 mars 2018.

antispécistes est dans son rôle lorsqu'il prône une agriculture sans élevage, mais il est bien obligé de reconnaître que cela signifierait la disparition de la paysannerie de montagne et d'autres zones arides où l'élevage permet aux populations de survivre ou de se maintenir. Il admet qu'« un problème d'un autre ordre se pose du fait des ravages causés aux cultures par les "nuisibles" et autres "ravageurs", qui pourraient, parfois, remettre en question nos possibilités de survie si nous renoncions à les combattre[1] »... S'agit-il donc d'abandonner le projet végan ? Non, bien sûr, se défend Bonnardel car « les choix techniques doivent venir après les choix moraux[2] » ! Vous avez bien lu, les végans ne savent pas comment faire mais... ils le feront. Il ne s'agit plus de choix moraux mais d'aveuglement stupide !

Personne ne croit que le retour aux bonnes vieilles techniques des brûlis, des jachères, à l'assolement biennal ou triennal comme avant le XVIIe siècle, à la rotation des cultures, aux mélanges d'espèces, aux engrais verts, aux toilettes sèches (excréments humains) soit suffisant pour nourrir dix milliards d'humains. Faut-il alors miser sur les OGM de première, deuxième et troisième générations ? Bonnardel semble inviter à faire confiance aux labos comme Arvalis Institut du végétal[3], qui se présente comme défendant une « agriculture technologique[4] », organisme proche de l'Association générale des producteurs de maïs (AGPM), dénoncée comme étant à la fois une émanation de la FNSEA et un faux nez du lobby pro-OGM par les faucheurs d'OGM[5]... Il est vrai que Bonnardel et Olivier ont toujours dénoncé, parmi les tares du mouvement, l'hostilité à la science[6]. C.Q.F.D...

---

1. Yves Bonnardel, *Les Cahiers antispécistes*, http://bit.ly/eliminerAnimaux
2. *Ibid.*
3. *Ibid.*
4. www.arvalisinstitutduvegetal.fr/missions-@/view-697-arvstatiques.html
5. https ://reporterre.net/Les-faucheurs-volontaires-ont
6. http://bit.ly/mouvementAnimaliste
– http://david.olivier.name/fr/refonder-le-progressisme

Éloge du fumier animal !

Quelques millions d'individus végans ne menaceront pas l'alimentation humaine, mais une humanité qui se verrait imposer le véganisme connaîtrait très vite le retour aux grandes famines, sauf, et ce n'est même pas certain, à choisir la solution du toujours plus d'industrialisation et d'artificialisation. Les végans sont les dignes héritiers de l'agriculture productiviste, laquelle a oublié que se nourrir est la condition de la vie, y compris pour les végétaux. L'humanité est sortie des famines endémiques lorsqu'elle a marié élevage et agriculture, c'est-à-dire lorsqu'elle a pu nourrir le sol avec des fumiers et des lisiers de ferme, qui sont les déjections des différents animaux… Cette nécessité de nourrir la terre pour qu'elle puisse nourrir les animaux et les humains a donné lieu au XIXe siècle au pillage systématique du guano au Pérou et en Bolivie. L'agriculture dépend également des déchets d'abattoirs : sang desséché, poudre d'os, corne de bœuf, plumes de volailles, sabots de mammifères ongulés… autant d'amendements indispensables sur les sols des cultures végétales.

L'agriculture sans élevage serait donc bien famineuse, sauf à forcer le sol par la chimie et par les biotechnologies nées de la révolution NBIC[1], sauf à prôner une réduction des trois quarts de l'humanité comme le proposent certains végans ou ex-végans y compris Lierre Keith ! J'aime répondre à ces héritiers du révérend Malthus qu'il y a toujours trop d'humains sur Terre… pour ceux qui ne les aiment pas !

L'humanité a besoin pour son agriculture (que les végans veulent développer) d'engrais animal, mais il n'existe pas d'engrais animal sans élevage… L'hypocrisie doit cesser lorsque des fermes véganes s'approvisionnent en fumier auprès d'autres paysans. Cachez ces animaux que je ne saurais voir !

1. Nanotechnologies, biotechnologies, informatique et sciences cognitives.

Ami végan, qui va psalmodiant qu'il faut beaucoup plus de calories végétales pour produire une calorie animale, apprends que les discours sur les capacités de l'agriculture végane de nourrir toute l'humanité reposent sur des calculs intégrant des engrais issus des combustibles fossiles.

Ami végan, sache que, compte tenu de la réalité des terres exploitables pour l'agriculture, le végétarisme nous éloignerait de la nécessaire relocalisation. La surabondance de céréales américaines subventionnées est la première cause de la casse des cultures vivrières mondiales. Ces subventions agricoles mondiales dépassent 300 milliards de dollars par an à comparer aux 30 milliards nécessaires sur vingt ans pour régler le problème de la famine[1].

Ami mangeur de viandes, tu as raison de continuer à manger des produits animaux, mais change de mode d'élevage, d'abattage, de distribution. Écoute davantage ceux qui dénoncent le véritable gaspillage alimentaire qui concerne aujourd'hui plus de 36 % de l'agriculture mondiale, principalement végétale. Sais-tu que les seuls gaspillages nord-américains, 100 milliards de dollars par an, sont supérieurs à ce qui serait nécessaire pour régler le problème de la grande pauvreté dans le monde, soit 70 milliards par an pendant vingt-cinq ans ? La solution est bien du côté des fermes polyvalentes qui produisent des légumes, des œufs, du lait, de la viande et même, de surcroît, de la bonne terre arable…

“La solution est bien du côté des fermes polyvalentes qui produisent des légumes, des œufs, du lait, de la viande et même, de surcroît, de la bonne terre arable…”

1. www.fao.org/newsroom/fr/news/2008/1000853/index.html

CHAPITRE 2

LA VIANDE, RESPONSABLE DU RÉCHAUFFEMENT PLANÉTAIRE ?

Les mangeurs de viandes ne sont pas seulement responsables de la famine dans le monde mais du réchauffement climatique à en croire l'idéologie végane. Salauds de viandistes qui sacrifiez la planète et l'avenir de nos (petits-) enfants !

Faut-il interdire à la vache de ruminer ?

La FAO chiffrait en 2006 à 18 % la contribution de l'élevage aux gaz à effet de serre (GES). Une nouvelle étude de la FAO, en 2013, donnait 14 %, dont un tiers en raison des éructations de la panse des bovins, un tiers en raison des plantes qui servent à l'alimentation artificielle du bétail, dont la production de soja, un tiers pour toutes les autres activités liées à l'élevage (transport notamment). La production du méthane due au bétail est égale à 54 % des émissions totales, soit 5 % des GES en France. Un kilo de poulet représente 6 kilo de GES, 1 kilo de dinde à 11 kilos, 1 kilo de porc à 12, 1 kilo de bœuf à 27, 1 kilo de mouton à 39.

La suppression de l'élevage n'aurait pas les effets bénéfiques attendus. Elle transférerait un petit tiers des émissions sur l'agriculture, puisque si nous ne mangions plus d'animaux, il faudrait consommer davantage de végétaux ! Nous perdrions la possibilité de relocaliser largement l'alimentation, puisque l'agriculture est beaucoup moins relocalisable que l'élevage alors qu'il serait facile d'interdire les transports occasionnés par les centres d'engraissement à l'étranger, qu'il serait possible de généraliser l'abattage sur place, etc. Certains proposent de remplacer dans nos assiettes les ruminants par des poulets, mais c'est oublier que les ruminants sont les seuls capables d'utiliser de l'azote non protéique pour synthétiser des protéines, dégrader la paroi cellulaire des plantes et... faire de la viande. Autant je suis favorable aux actions sur la composition (bactérique et en protozoaires et en champignons) de l'alimentation du bétail, autant je m'oppose aux manipulations génétiques visant à produire des vaches n'ayant plus besoin de ruminer[1].

La bonne herbe des pâturages

L'essentiel est, cependant, ailleurs, puisque l'élevage traditionnel que je défends présente un effet positif en termes d'émission de gaz à effet de serre, les prairies pâturées constituant des puits et non pas des sources de carbone. Celles de moyenne montagne piègent 0,7 à 1 tonne par hectare et par an. J'ajoute qu'au niveau mondial les causes premières de la déforestation sont l'urbanisation, le commerce des essences tropicales et les biocarburants. La première cause en Amazonie (Brésil) est bien la production de soja pour l'alimentation animale, mais les fermes françaises sont autonomes à 90 %[2]. L'autonomie alimentaire des fermes d'élevage reste bien

1. https://hal.archives-ouvertes.fr/hal-00896087/document
2. www.ocl-journal.org/articles/ocl/pdf/2014/04/ocl140017.pdf

le grand objectif. Les avantages sont multiples : réduction des gaz à effet de serre, contournement des filières OGM, diversification de l'assolement et renforcement de la biodiversité. Appliquons les principes de l'agro-écologie comme le fait de privilégier les mélanges céréales et protéagineux pour l'alimentation du bétail, de sortir les animaux plus tôt, de développer le pâturage tournant, de planter davantage de légumineuses, de revenir à des types génétiques plus adaptés aux milieux, etc. Les paysans savent le faire, les mangeurs le demandent !

CHAPITRE 3

MANGER VÉGAN RÉGLERA-T-IL LE GASPILLAGE DE L'EAU ?

Les mangeurs de viandes ne prendraient pas seulement les céréales dans la bouche des plus pauvres mais seraient responsables de la crise de l'eau. Salauds de mangeurs de viandes qui assoiffez toute l'humanité !

Qu'est-ce que l'eau virtuelle ?

Vous connaissez le vrai-faux débat sur la consommation d'eau : 1 kilo de blé équivaut à 60 litres, 1 kilo de viande à 1 500, 6 000, voire 15 000 litres…

Ami mangeur de viandes, de fromages et buveur de laits, ne ris pas, car l'accès à l'eau potable pour dix milliards d'humains constitue bien le premier problème du XXIe siècle !

> « L'accès à l'eau potable pour dix milliards d'humains constitue bien le premier problème du XXIe siècle. »

Ami végan, eau virtuelle ne signifie pas eau gaspillée : on ne « consomme » pas 15 000 litres d'eau pour produire

1 kilo de bœuf, ni 5 000 litres pour 1 kilo de riz inondé, ni 2 500 litres pour un T-shirt en coton !

Cette notion d'eau virtuelle comptabilise trois types d'eaux différentes. L'eau bleue, qui correspond à l'eau réellement utilisée pour produire : elle est pour 1 kilo de bœuf estimée à 3 à 4 % du volume total d'eau. L'eau grise, nécessaire pour maintenir la qualité de l'eau, représente aussi 3 %. L'eau verte, qui atteint 94 % du total, représente le volume d'eau de... pluie stockée dans le sol, lorsque l'animal est élevé dans les pâturages. Plus une vache dispose d'un grand espace, plus son eau verte atteint des sommets. Pierre Silberzahn fait malicieusement remarquer que la prise en compte de l'eau verte devrait inciter à favoriser l'élevage sous bâtiment et à cesser de les alimenter avec de l'herbe, car ce serait une économie de 90 % d'eau.

L'eau de pluie des prairies

Ami végan, apprends aussi que ces chiffres ne sont valables que pour le bétail nourri aux grains ! Le nombre de calories produit par litre d'eau utilisé est autrement sensiblement le même pour le kilo de blé et de bœuf. Lierre Keith donne ainsi 50,8 calories pour le blé contre 40,8 pour le bœuf. Elle confond cependant les différents types d'eau en retenant une fourchette de 18 900 à 35 280 litres d'eau pour une vache... soit 126 litres par kilo. Mais l'essentiel de cette eau n'a pas disparu, elle est restituée. Manger du bœuf élevé en pâturage ne consomme presque pas d'eau, à proprement parler, puisque la quantité d'eau est constante depuis la nuit des temps !

Ami mangeur de viandes, de fromages et buveur de laits, cette bonne nouvelle en cache une mauvaise : l'eau planétaire souffre des activités agricoles, notamment des pesticides, des herbicides et des engrais. L'irrigation, qui représente 70 % des prélèvements et affiche des pertes de 40 à 60 %, engendre la salinisation qui stérilise les sols et tue la faune. L'agriculture biologique peut s'en passer mais pas l'agriculture végane. La vraie question n'est donc pas celle de la quantité d'eau virtuelle consommée, mais celle de sa qualité à l'issue des multiples activités. Ainsi, la firme Coca-Cola utilise 300 millions de mètres cubes pour diluer son sirop et 30,4 milliards de mètres cubes pour l'ensemble de son processus de production, elle ponctionne plus d'eau que le quart de la population mondiale, une eau qui, elle, doit être ensuite traitée. J'invite mes amis végans à participer aux combats pour la gratuité de l'eau vitale et pour en finir, en France, avec la non-réutilisation des eaux[1]. La population indienne du Kérala ne s'y est pas trompée, qui n'a pas manifesté contre les mangeurs de fromages et de viandes ni contre les buveurs de laits, mais contre les industries d'embouteillage, qualifiées d'hydro-pirates, et qui ont dû fermer leurs portes et verser des dommages et intérêts aux populations[2]. L'écologisme des pauvres est décidément plus savant que les végans !

1. Paul Ariès, *Gratuité* vs *Capitalisme*, Larousse, 2018.
2. www.monde-diplomatique.fr/2005/03/SHIVA/11985

CHAPITRE 4

LE VÉGANISME N'AMÉLIORERA PAS VOTRE SANTÉ !

J'admets volontiers que les végans conséquents refusent l'argument médical, car même s'il était établi que leur alimentation réduisait l'espérance de vie, ils continueraient à être végans par choix éthique. Le discours médical est donc le propre soit de simples végétariens recyclant les arguties les plus éculées (l'humain n'est pas un omnivore sinon il aurait des griffes et des crocs, son intestin est beaucoup trop long au regard de celui des vrais carnassiers), soit de végans en quête de succès faciles commerciaux ou médiatiques. Les végans conséquents ne nient plus que les humains soient prédisposés à être des omnivores, mais ils ajoutent que cette omnivorité serait opportuniste, comprendre qu'il serait possible de s'en passer… sans effets négatifs. Mais comme *Homo sapiens* a vécu plus de 95 % de son histoire de chasse et de cueillette, beaucoup de nos traits biologiques ont été sélectionnés à cette époque. Ce n'est donc pas par tradition qu'un omnivore mange de la viande mais parce que son organisme a appris à en manger et peut mal s'en passer. Si l'argument d'une longévité exceptionnelle des végétariens est toujours avancé, force est de constater que l'âge moyen de leur décès a été avancé de plus d'un demi-siècle en un siècle… Alors que le végétarien du XIXe siècle était censé vivre jusqu'à 150 ans, le végan du XXIe siècle vivrait beaucoup moins longtemps, mais tout en restant tout de même en bien meilleure santé que l'omnivore. Les chiffres avancés sont trompeurs car ils confondent corrélation et causalité. La longévité des végétariens a d'autres causes moins avouables visiblement, comme le fait qu'ils recrutent dans les bons milieux sociaux, qu'ils consomment peu de produits transformés, qu'ils bénéficient d'une bonne protection sociale, qu'ils font davantage attention à leur santé, qu'ils boivent et fument moins, etc. Lierre Keith cite les comparaisons entre adventistes du septième jour et mormons, tous s'abstiennent d'alcool, de café, de tabac, mais les adventistes sont végétariens tandis que les mormons sont omnivores et vivent plus longtemps[1]. Elle rappelle que, toutes choses égales par ailleurs, le taux de mortalité et de morbidité des végans est en réalité plus élevé que celui des omnivores. Selon une étude de l'université de médecine de Graz (en Autriche), les végétariens sont plus nombreux à se trouver en petite forme. Mais il ne s'agit pas seulement d'une moins bonne santé subjective car ils souffrent davantage d'allergies (30,6 % contre 16,7 %), de cancers (4,8 % contre 1,2 à 3,3 %), de troubles de l'humeur (9,4 % contre 4,5 à 5,8 %). La chercheuse Nathalie Burkert ajoute que les végétariens ont le sentiment d'une vie sociale plus réduite[2]… Vraiment pas terrible !

« Le taux de mortalité et de morbidité des végans est en réalité plus élevé que celui des omnivores. »

1. Lierre Keith, *Le Mythe végétarien*, Éditions Pilule rouge, 2013, p. 272.
2. www.slate.fr/life/84187/vegetariens-sante

Que vaut (l'avis de) l'Association des diététiciens américains ?

Pas un site, pas un journal, pas une émission, pas une conférence, pas un végan, pas même un journaliste qui, depuis 1987, ne cite la fameuse note de l'Association américaine de diététique défendant le végétarisme et le végétalisme sous la condition, cependant, de contrôler les apports en vitamine B12, en calcium, en vitamine D, en zinc, en acides gras, en oméga-3… Cet avis émane de deux auteurs dont les liens d'intérêt ont été vivement contestés, d'autant plus qu'ils n'ont pas été déclarés selon l'usage. Reed Mangels est connue comme avocate du végétarisme-végétalisme[1] et Winston Craig est un défenseur du végétarisme en tant que membre de l'Église adventiste[2]. Je ne signale pas cette adhésion par hasard, mais parce que l'Association américaine de diététique (ADA) a été créée en 1917 par Lenna F. Coopper (1875-1961), elle-même adventiste et proche du Dr Kellogg qui en fera la directrice des missions. Elle deviendra la première diététicienne officielle de l'armée américaine. Cette association a certes changé et est devenue la plus importante aux États-Unis, mais elle n'est pas exempte de polémiques au point d'avoir modifié son nom en 2012, pour devenir l'Académie de nutrition et de diététique américaine… On lui reproche son financement par McDonald's, Coca-Cola, Mars, General Mills, Nestlé, The Sugar Association, etc. On lui reproche que ses principaux sponsors deviennent ses « partenaires académiques », ce qui leur permet d'éduquer les professionnels de la nutrition sur les avantages de leurs produits. On lui reproche d'avoir soutenu les coupes budgétaires de Ronald Reagan en matière de coupons alimentaires et de repas scolaires en échange de quelques avantages. On lui reproche de s'être opposée à l'étiquetage obligatoire des acides gras trans,

1. www.youtube.com/watch?v=1yHJ2DsGHuo
2. http://bit.ly/evangelisationParSante

très présents dans les produits à base de graisses végétales ; on lui reproche d'être l'avocat du soja, notamment pour les repas des détenus ; on lui reproche ses liens avec l'industrie pharmaceutique, ses alliances avec des groupes très controversés sur le plan environnemental et social, comme Conagra, firme spécialisée dans les aliments industriels emballés ; on lui reproche son refus de rendre obligatoire l'identification des OGM et de soutenir le projet gouvernemental actuel visant à encadrer la profession de diététiciens, afin d'assurer le monopole d'un seul courant de pensée, etc.

Ami végan, si tu désires prendre tes informations auprès de l'Église adventiste du septième jour, douzième religion mondiale, écoute son leader, Ted Wilson, dans ses conférences en faveur du végétarisme. Tu apprendras qu'Ellen White (1827-1915), cofondatrice, eut la vision que les chrétiens attendant le retour du Christ ne mangeaient pas de viande.

Ami mangeur de viandes, de fromages et buveur de laits, je te suggère de prendre tes informations auprès de sources indépendantes des lobbys, mais pas seulement dans le domaine de l'alimentation, dans tous les registres !

La fausse bonne nouvelle des protéines végétales

Le corps d'un adulte comprend environ 11 kilos de protéines, dénommées « briques du corps », en raison de leur rôle structural (os, muscles, organes). Elles assurent le fonctionnement des cellules (enzymes, hormones, anticorps). L'humain est incapable d'extraire l'azote de la nature, c'est pourquoi il est obligé d'en prendre sous forme alimentaire : un jeune adulte devrait consommer 0,8 gramme de protéines par kilo de masse corporelle. Selon les époques, l'humanité a trouvé ses protéines davantage dans le monde végétal ou animal. L'excès de protéines animales est certes dangereux pour la santé, mais les études établissent que les apports énergétiques moyens des végétariens-végétaliens sont inférieurs aux normes conseillées, elles indiquent un manque de protides, d'acides gras saturés et insaturés, de vitamines B1, B2, B12 et D, de calcium, de phosphore, de zinc, de sélénium, etc. Et même lorsque ces apports s'avèrent satisfaisants sur le plan quantitatif, comme pour les ovo-lacto-végétariens, il existe encore des déficits et déséquilibres.

Les carences protidiques

Les protéines assurent le bon fonctionnement des muscles, donc aussi du cœur. Elles ont un rôle essentiel dans la croissance du fœtus, dans le renouvellement de la peau et la cicatrisation, dans la production des anticorps et dans la fabrication des réactions immunitaires indispensables à la santé. Elles sont une source indispensable d'énergie, un gramme de protéine fournit 4 kilo-calories. Peut-on remplacer toutes les protéines animales par des protéines végétales ? Sur le papier, tout semble possible, puisque 100 grammes de tofu représentent 10 grammes de protéines, 100 grammes de lentilles, 8 grammes de protéines, etc. Les légumineuses (fèves, haricots, lentilles, pois, etc.) sont même tellement riches en protéines, qu'elles ont été dissociées des légumes, afin de créer une catégorie à part. Le problème, qu'oublient de dire les végans, c'est que ces protéines végétales ne comprennent pas toujours les acides aminés essentiels et qu'ils possèdent, en outre, assez souvent, un acide aminé en quantité limitante. Si l'un des acides aminés est en quantité insuffisante,

« Ces protéines végétales ne comprennent pas toujours les acides aminés essentiels et possèdent, en outre, assez souvent, un acide aminé en quantité limitante. »

tous les autres ne pourront être absorbés qu'à la hauteur du plus faible, c'est pourquoi on parle de facteur limitant. La lysine est le grand facteur limitant des céréales. La méthionine celui des légumineuses. C'est pourquoi les végans sont toujours obligés d'associer deux sources différentes de protéines végétales pour obtenir le bon apport. Le soja constitue une exception, mais nous verrons qu'il pose d'autres problèmes. Les dangers liés à la carence en protéines sont bien connus, comme un risque de retard de croissance chez les enfants végétaliens, car en l'absence de stockage suffisant en raison du déficit d'apport, l'organisme puise dans les protéines structurelles, jusqu'à produire une dénutrition azotée.

Additionner des protéines ne suffit donc pas, encore faut-il les analyser chimiquement pour savoir ce qu'elles valent au regard des besoins humains. On les compare aux protéines des œufs, considérées comme ayant la meilleure valeur possible (base 100). L'acide aminé limitant n'est donc pas toujours le plus faible en valeur absolue mais comparativement à l'œuf. Les coefficients d'efficacité protéique (CEP) les plus importants concernent les protéines animales, avec un coefficient net de 94 % pour les œufs, de 82 % pour les laitages, de 70 % pour la viande et de seulement 50 à 65 % pour les céréales. Pour un régime omnivore, l'utilisation protéique nette est de 75 %, pour un régime végétarien de 65 % et pour un régime végétalien il tombe à 55 %. Beaucoup de traitements concernant les végétaux dégradent ces taux, qu'il s'agisse de la « ionisation » ou des cuissons trop fortes et rapides qui ne permettent pas de libérer les acides aminés des coques fibreuses. L'index chimique de la viande oscille entre 80 et 100, celui des végétaux est inférieur à 30.

Les carences vitaminiques

La vitamine D2 n'est pas synthétisée sous l'action du soleil et ne se trouve que dans les aliments animaux non écrémés, dans le poisson et les œufs. Les végétaux n'en contiennent pas, sauf les champignons mais à très faible dose. Une carence conduit au rachitisme et accroît le risque de développer des cancers et maladies cardio-vasculaires chez les nourrissons et les vieillards.

La fameuse vitamine B12 est la bête noire des végans. Singer n'hésitait pas dans *La Libération animale* à produire de la contre-information notoire : « On peut toutefois l'obtenir à partir d'algues comme le varech, ou de la sauce de soja quand elle est faite selon la méthode de fermentation traditionnelle japonaise, ou encore du tempeh, graines de soja fermentées consommées dans certaines régions d'Asie et que l'on trouve aujourd'hui dans les magasins diététiques des pays occidentaux. Il se peut également que la vitamine B12 soit produite par des micro-organismes dans nos propres intestins[1]. » La société végane de France a dû rectifier : non, les œufs sont de très mauvaises sources de vitamine B12 ! Ils contiennent en effet des inhibiteurs de son absorption. Une biodisponibilité de 9 % nécessiterait une consommation de 20 à 30 œufs par jour. Non, le varech, la sauce de soja traditionnelle et le tempeh ne sont pas des sources de vitamine B12, pas plus que les intestins sains ! Ce type de propos peut mener des personnes sincères directement à la carence en vitamine B12, et leurs enfants au décès[2].

La B12 est indispensable à la formation des globules rouges, au renouvellement cellulaire notamment aux cellules nerveuses, à la formation de l'ADN... Elle existe en quantité suffisante uniquement dans les produits d'origine animale et encore cette vitamine extrêmement fragile est dénaturée à 50 % à la cuisson. La spiruline et les algues, données comme une alternative, sont une « fausse-bonne » solution, car la B12 y est inactive puisqu'il s'agit d'un composé voisin. Le végan, spontanément carent en B12, va souffrir d'anémie, de fatigue, de nausées, de constipation, de

1. Peter Singer, *La Libération animale*, Payot, 2012 (réédition), p. 335.
2. Voir le site de la Fédération végane de France. https://www.federationvegane.fr

perte d'appétit, d'engourdissement et de picotement, de perte de mémoire, d'atteinte neurologique et psychiatrique. Seule note positive, la carence ne s'installe que lentement puisque le foie contient 2 à 3 milligrammes de B12 en réserve. La situation est plus critique pour l'enfant, car le déficit de sa mère influe sur son propre statut.

La production artificielle de vitamine B12 est donc la pierre philosophale du véganisme au point d'écrire que « la fondation de la Vegan Society en 1944 n'aurait abouti à rien d'autre que quelques accidents de santé, si la culture de la source originelle de vitamine B12 n'avait pas rapidement été mise au point[1] ». Le monde végan aurait donc reçu sa révélation le 12 décembre 1947 ! Belle façon d'admettre l'existence d'un problème, jusqu'alors nié, au moment précis où certains prétendent avoir enfin trouvé la Solution avec un grand S.

Les antispécistes banalisent volontiers l'idée d'une alimentation supplémentée en faisant la comparaison avec la supplémentation en iode de l'eau. Wikipédia nous apprend que la répartition géographique du goitre endémique et du crétinisme correspond à la fonte de la dernière extension des glaciers[2]. David Olivier, arguant que les animaux d'élevage recevraient de la vitamine B12, qualifie le bétail d'« animaux-emballages » ne servant qu'à son transfert. Il oublie que cette pratique est spécifique aux formes d'élevage industrielles.

Les carences en éléments minéraux

L'alimentation végane engendre des déficits en fer, en zinc et calcium. Mais ne dites jamais à un végan qu'il manque de fer, car on en trouve dans les végétaux. Certes, mais il ne faut pas confondre le fer héminique des produits carnés qui présente une excellente

1. www.federationvegane.fr/documentation/pourquoi-etre-vegane/specisme-antispecisme-et-carnisme/
2. Paul Aries : https://fr.wikipedia.org/wiki/Cr%C3%A9tinisme

biodisponibilité avec un taux de 20 à 25 %, avec le fer non héminique des végétaux, biodisponible seulement à hauteur de 1 à 8 %. La carence en fer se traduit par des problèmes d'hémoglobine, de transport de l'oxygène... Ajoutons que le soja a un rôle inhibiteur par rapport au fer, ce qui accroît encore les risques notamment pour l'enfant nourri au sein. La même mère végane aura probablement une carence en zinc, dont l'absorption est moins bonne avec les végétaux, avec une biodisponibilité passant de 35 à 15 %. Cette même mère végane souffrira probablement d'un manque de calcium, car celui des végétaux (épinard, etc.) possède une mauvaise biodisponibilité. Le calcium est, pourtant, indispensable à la formation osseuse, au rythme cardiaque, au fonctionnement des muscles, à la tension artérielle... Existent d'autres risques comme ceux liés aux facteurs antinutritionnels. Sous ce nom se cachent des protéines, entrant dans la composition des végétaux, entravant le bon fonctionnement de la digestion et de l'absorption des protéines. Ces facteurs antinutritionnels (tanins, pectines, saponines, cellulose...) expliquent que les végétaux, notamment les légumes secs, aient une mauvaise digestibilité, ce que savent ceux qui souffrent de la maladie de Crohn. Passons sur les inconvénients liés au risque de fermentation excessive en cas d'apport trop élevé de fibres. La bonne nouvelle, c'est que les humains échappent à ces risques en adoptant au moins une alimentation ovo-lacto-végétarienne !

Le manque d'oméga-3

Les végans sont fiers de remplacer les huiles animales par des huiles végétales, mais coorganisateur en 2011 d'un colloque avec une association de diététiciens, je me souviens de l'intervention de Florian Saffer sur le rapport oméga-3/oméga-6[1]. Les huiles

1. *Manger sans peur*, ouvrage collectif, Éditions Golias, 2011.

végétales comprennent trop d'oméga-6 et pas assez d'oméga-3 ! Les oméga-6 engendrent des problèmes d'inflammation, d'hypertension, d'irritation du tube digestif. Une insuffisance en oméga-3 favorise les cancers, la dépression, le diabète. Cet oméga-3 fait largement défaut dans la table nord-américaine car les principales sources (œufs, poissons, viandes) ne sont plus satisfaisantes, dès lors que les animaux sont gavés de céréales. En France, la consommation d'oméga-6 a augmenté de 250 % entre 1960 et 2000, tandis que celle d'oméga-3 diminuait de 40 % environ. L'urgence est à modifier l'alimentation animale en renonçant au trio maïs-blé-soja, riches en oméga-6, et en revenant à la bonne herbe, à la luzerne, aux végétaux riches en oméga-3 comme le lin, le lupin, la féverole. L'alimentation du bétail avec des céréales fait chuter le taux de tryptophane des viandes, des œufs et du lait, d'où un déficit en sérotonine, qualifiée de protéine du bonheur.

Ami végan, rassure-toi, la grande industrie travaille à augmenter la digestibilité des protéines d'origine végétale, à supprimer les facteurs antinutritionnels par des procédés hautement technologiques. Je pourrais te citer des dizaines d'expériences menées sur des rats pour améliorer l'alimentation végane !

Ami omnivore, ne déduis surtout pas de ce qui précède qu'il te faudrait écarter toute alimentation végétale, excellente par la présence de fibres, de vitamines A, E, C, de phytonutriments, ces pigments végétaux que l'on trouve dans les fruits, légumes et pommes de terre...

Le professeur en biologie Pierre Silberzahn précise que les végétaux (graines de céréales, légumineuses) ne peuvent être mangés crus et doivent être débarrassés de leur enveloppe, broyés (farine) et enfin cuisinés, ce qui abaisse considérablement la teneur en protéines. Il donne ainsi les teneurs en grammes pour 100 grammes avant et après cuisson : pour le blé entier cru 12, pour les pâtes cuites 4 ; pour le riz complet avant cuisson 7, après 3 ; pour les pois chiches secs 20, après 8 ; pour les lentilles crues 25, pour les lentilles cuites 8, etc. La teneur en protéines des sources animales (viande, œuf ou lait) ne diminue pas à la cuisson ! La digestibilité et assimilation des protéines végétales sont en outre beaucoup plus faibles en raison notamment de notre intestin moins adapté, ce qui l'oblige à produire plus de protéases. Silberzahn ajoute un dernier argument : « À la cuisson les légumes secs triplent de volume [...] Pour un apport protéique équivalent à celui d'un steak de 150 grammes, il faudrait donc ingérer 500 grammes de lentilles cuites. Nous ne sommes pas capables d'ingérer un tel volume et notre système digestif est incapable de digérer un apport quotidien de 500 grammes de lentilles ou autres légumes secs[1]. » J'ai essayé ! Silberzahn a raison : dire que « 100 grammes de légumineuses apportent autant de protéines que 100 grammes de viande, de poisson ou d'abats sans apporter de graisses saturées », comme l'affirme Aymeric Caron, l'auteur de *No steak*[2], bible des végétariens, est une contre-vérité[3] !

Ami végan, je te conjure de ne pas oublier ces paroles fortes de Pierre Silberzahn : « Manger des "végétaux riches en protéines" ne signifie pas du tout manger des "aliments riches en protéines" [...] Ce n'est que par des processus industriels d'*extraction* et de *concentration* à partir des végétaux que les protéines végétales pourraient remplacer quantitativement les protéines animales[4]. » Est-ce vraiment le type d'agriculture productiviste dont tu rêves ?

Les dernières études établissent certes que l'ADN des populations végétariennes, depuis plusieurs générations, montre une mutation génétique afin que leurs corps puissent absorber plus facilement les acides gras d'origine végétale, mais cette modification du génome

---

1. Pierre Silberzahn, *Le Blues du carnivore*, *op. cit.*, p. 217.
2. J'ai lu, 2014.
3. Pierre Silberzahn, « Protéines animales et végétales », *Les Zindigné.e.s*, 2018, n° 50.
4. *Ibid.* Pour aller plus loin, on lira avec profit, du même auteur, *Le Blues du carnivore, op. cit.*

stimule la production d'acide arachidonique, bien connu pour favoriser les maladies inflammatoires et le cancer[1].

Ami végan, si nous étions face à un projet d'alimentation exclusivement animale, j'expliquerais que l'on mange trop de viandes et de mauvaises viandes gavées d'antibiotiques, d'hormones, de céréales.

Un régime sujet à l'hypoglycémie

Le glucose et le fructose sont présents dans les végétaux mais, au-delà de 100 grammes par jour, hors lactose et galactose du lait, l'excès de sucre devient dangereux. Il existe peu de différence métabolique entre manger une pomme de terre, des céréales au petit déjeuner et boire une canette de Coca-Cola. Les sucres apportés par les légumes sont surtout des polysaccharides, des sucres ayant plus de trois molécules que le système digestif ne sait pas digérer. Les végans, ayant largement un régime à base de glucides, sont donc sujets à l'hypoglycémie postprandiale qui diminue l'effet rassasiant.

Le dieu Soja !

Le dieu Soja a d'autres débouchés, mais il a trouvé dans les végans ses ouailles les plus fidèles, ses meilleurs avocats, au sacrifice même de leur santé. Le soja fut d'abord utilisé comme engrais, puis comme condiment, mais jamais comme plat principal, y compris en Asie ! Le sinogramme pour le soja n'est d'ailleurs pas celui d'un aliment comestible mais d'une simple racine[2]. Le haricot mungo est abusivement appelé « germe de soja ». Les Chinois consomment du soja avec de la soupe, car cette dernière désactive, grâce à ses

1. http://bit.ly/vegetariensCancer
2. Lierre Keith, *op. cit.*, p. 238.

minéraux, les phytates qui le rendent non assimilable[1]. L'étude China-Cornell-Oxford-Project estime la consommation directe de soja en Chine à 4 grammes par jour[2]. D'autres études donnent 10 grammes (2 cuillers à soupe)[3].

La consommation indirecte explose avec l'industrialisation de l'élevage. Au Japon, elle atteint 18 à 25 kilos par an[4]. Dans l'Union européenne, elle pulvérise tous les records avec 61 kilos par habitant et par an[5]. Ce chiffre s'explique par la consommation de produits dérivés d'animaux nourris au soja, 93 % du soja consommé est contenu dans la viande, les œufs, le poisson ou le lait industriels[6] !

« 93 % du soja consommé est contenu dans la viande, les œufs, le poisson ou le lait industriels ! »

Le soja a longtemps été, y compris aux États-Unis, considéré comme un produit industriel servant à fabriquer de la peinture et des vernis. Les États-Unis, devenus les principaux producteurs mondiaux, devaient absolument trouver de nouveaux débouchés. L'alimentation animale en consomme certes une part essentielle, mais avec un taux de profit bien moindre. *Le Figaro* du 30 juin 2017 titrait que les Américains n'ont jamais semé autant de soja et aussi peu de blé destiné à être exporté en Europe mais aussi en… Chine où il s'impose désormais. La production de soja a plus

---

1. http://bit.ly/sojaArguments
2. http://news.cornell.edu/stories/1998/11/high-protein-diet-not-best-weight-loss
http://bit.ly/ChinaProject
T. Colin Campbell, professeur de biochimie nutritionnelle à Cornell, a résumé les résultats de cette enquête dans son livre *The China Study* (2004).
Cette étude a été réalisée en collaboration avec Chen Junshi, directeur de l'Institut de nutrition et d'hygiène alimentaire à l'Académie chinoise de médecine préventive, Richard Peto de l'université d'Oxford, et Li Junyao de l'Institut de cancer en Chine.
3. www.ladietetiquedutao.com/soja-mythes-realites.html
4. *Ibid.*
5. Voir l'étude du WWF à l'occasion de la « Table ronde pour le soja responsable » (RTRS), organisée à Bruxelles les 19 et 20 mai 2015.
6. http://bit.ly/61kgSoja

que doublé en vingt ans principalement aux États-Unis mais aussi au Brésil et en Argentine (82 % du tonnage à eux trois) contre 7 % seulement pour la Chine !

Les végans sont de grands consommateurs de soja car, contrairement à presque tous les autres végétaux, il apporte des acides aminés essentiels en quantité suffisante et de façon équilibrée, mais il présente d'autres dangers. Le documentaire *Soja, la grande invasion* n'a pas eu l'heur de plaire aux végans... Il ne faisait pourtant que rendre publics les résultats de recherches scientifiques, dont ceux de Catherine Bennetau, chercheuse en endocrinologie. Le réquisitoire est connu depuis des années : le soja contient beaucoup d'antinutriments dont des inhibiteurs de trypsine, enzyme digestive, d'où des phénomènes de ballonnements, évitables en le faisant fermenter. Il est accusé, comme d'autres légumineuses, d'avoir des effets négatifs pour des terrains inflammatoires, arthritiques et goutteux en raison de l'importance des purines (résidu de la dégradation des protéines transformées en acide urique), d'endommager, en cas de grande consommation, la glande thyroïde, d'avoir un effet négatif sur le cerveau (vieillissement accéléré, diminution des capacités cognitives)[1]. Le principal danger serait le risque de perturbation hormonale provoquée par les phytoestrogènes, puissants perturbateurs endocriniens[2]. Les humains s'abstiennent de consommer les autres plantes en contenant[3]. La liste des pays mettant en garde contre l'utilisation du soja dans l'alimentation des bébés ne cesse d'augmenter : absence de cholestérol indispensable au développement du cerveau (25 % du cholestérol se trouve dans le cerveau), présence d'isoflavones (charge équivalente à plusieurs pilules contraceptives). Plusieurs associations dénoncent le scandale du lait en poudre à base de

1. Étude « Honolulu-Asia Aging Study », conduite par le Dr Lon R. White et publiée en 2000 dans le *Journal of the American College of Nutrition*.
2. www.anses.fr/fr/system/files/NUT-Ra-Phytoestrogenes.pdf
3. Cité par Lierre Keith, *op. cit.*

soja, notamment dans le cadre des programmes humanitaires. Les avocats du soja répliquent qu'il ne faut pas confondre le « mauvais soja » pour l'alimentation animale, largement à base d'OGM, qui se retrouve dans les produits laitiers, les œufs, la viande, et le « bon soja » pour l'alimentation humaine, non OGM, et ajoutent que l'allongement du cycle menstruel ne serait pas une perturbation[1]. André Cicolella, chimiste toxicologue, président de l'association Réseau Environnement Santé (RES), à l'origine de l'interdiction du bisphénol A dans les biberons, me confiait : « Les perturbateurs endocriniens sont le plus souvent des substances de synthèse, mais il existe aussi des substances naturelles, les phytohormones. Le soja en contient, comme la génistéine. Si vous donnez du BPA et de la génistéine à des rates gestantes, vous augmentez le taux de malformation chez l'enfant. Il vaut donc mieux être prudent avec le soja compte tenu de l'environnement dans lequel nous sommes[2]. » C.Q.F.D.

1. http://naturo-passion.com/soja-verites-et-mensonges/
2. André Cicolella, « Les perturbateurs endocriniens en accusation », *Les Zindigné.e.s*, n° 50, 2018.

TROISIÈME PARTIE

LE VÉGANISME, CHEVAL DE TROIE DE L'ANTISPÉCISME

CHAPITRE 1

CES VÉGANS QUI SE CLAMENT ANTI-ÉCOLOS !

Le moment tant attendu (par moi) est venu de dire haut et fort que les antispécistes ne sont pas des super-écolos mais des anti-écolos acharnés, position que les plus honnêtes d'entre eux assument ouvertement. Un des pères des *Cahiers antispécistes*, David Olivier, signait dès 1988 un texte sobrement intitulé « Pourquoi je ne suis pas écologiste »... Il confirmait cette haine de l'écologie en 2015 dans le magazine *Véganes* : « Nous voyons l'antispécisme et l'écologisme comme largement antagonistes[1]. » Son compère Yves Bonnardel ajoute que le symbole de la nature, c'est la prédation. Il faut au moins leur reconnaître cette franchise, attitude peu partagée, aujourd'hui, par les végans médiatiques.

---

1. *Les Cahiers antispécistes*, n° 17.

La haine de la nature et du naturalisme

L'antispécisme est venu à la France en s'inspirant largement des travaux de Peter Singer, de Paola Cavalieri et de Tom Regan[1]. Ces trois papes de l'antispécisme n'ont pas de mots assez durs pour fustiger l'écologie et les écologistes. Tom Regan semble le moins farouchement hostile, mais il n'accepte que des alliances tactiques (par exemple, contre la chasse aux bisons) car il rappelle que l'antispécisme et l'écologie ne partagent pas les mêmes paradigmes fondamentaux, puisque l'écologie défend les écosystèmes, la communauté biotique et les végans défendent seulement des individus animaux, humains ou non.

Les écolos seraient-ils les moutons de Panurge du véganisme ?

« L'antispéciste conséquent n'a que faire de la biodiversité chère aux écolos ! Julia Mosquera. »

L'antispécisme ne reproche pas aux écolos de ne pas aller assez vite ou assez loin, mais de ne pas aller dans la bonne direction. Dit autrement, l'écologie n'est pas soluble dans l'antispécisme ! Le réquisitoire des végans contre l'écologie est bien établi. L'antispécisme n'aime pas la nature et refuse de penser en termes d'espèces et d'écosystèmes, il défend la technoscience au point de faire des savants fous, qui préparent

1. Tom Regan est professeur de philosophie morale au North Carolina State University (États-Unis). Il publie, en 1983, un ouvrage proposant d'attribuer des droits aux animaux. Ce livre se présente comme une alternative à la pensée utilitariste de Singer. La théorie des droits ne concerne que les sujets d'une vie, donc des animaux ayant un minimum de conscience. Il dénonce le fait que la théorie de Singer puisse aboutir à sacrifier des individus au profit des autres.

l'adaptation de la planète, des enfants de chœur timorés[1]. L'antispéciste conséquent aime les OGM, les AGM (animaux génétiquement modifiés) et demain, si c'était possible, les HGM (humains génétiquement modifiés) ! L'antispéciste conséquent n'a que faire de la biodiversité chère aux écolos ! La biodiversité n'est pas une valeur en soi, *dixit* Julia Mosquera[2] !

Ces antispécistes que l'on pourrait qualifier de « canal historique » sont battus en brèche dans leur haine de l'écologie et des écologistes par un nouveau courant qui a le vent en poupe, celui des RWAS (Reducing Wild-Animal Suffering), puisque leur but est de stériliser les espèces terrestres et aquatiques pour qu'elles deviennent impropres à l'existence d'une vie animale (voir p. 131). Eux ne rêvent plus d'agriculture végane en plein champ, mais de bétonnage et de goudronnage des espaces extérieurs, ils préconisent de satisfaire les besoins des humains par des végétaux cultivés dans des fermes verticales, ces milieux parfaitement contrôlés ou nul animal ne meurt, parce qu'aucun animal n'y vit ! Brian Tomasik, cofondateur du Fundational Research Institute, écrit : « Notons que les pesticides pourraient en fait réduire la souffrance nette des insectes, dans le cas où ils diminueraient suffisamment les populations d'insectes. Encourager l'utilisation d'insecticides provoquant moins de souffrance n'équivaut donc pas à encourager une diminution de l'utilisation des insecticides[3]. » *(sic)* Le rêve de tout bon végan conséquent, des insecticides tuant les insectes mais sans souffrance !

Ami végan, si tu as un minimum de sensibilité écolo, change de boutique !

---

1. J'aborde cette question dans la dernière partie du livre.
2. www.cahiers-antispecistes.org/chapitre-5-comment-reduire-la-souffrance-des-animaux-sauvages/
3. Brian Tomasik, « L'importance de la souffrance des animaux sauvages », *Les Cahiers antispécistes*, n° 40, avril 2018.

Ami mangeur de viandes, si tu ne veux pas finir en supplétif des végans, deviens pleinement écolo, défends une agriculture et un élevage bio !

Ces antispécistes conséquents ont bien raison de haïr l'écologie car elle est incompatible avec les fondements de leurs divers systèmes de pensée[1]. L'antispécisme ne peut connaître que des individus, animaux humains ou non, alors que l'écologie entend passer de la pensée anthropocentrique traditionnelle à une pensée plus écocentrée, afin d'attribuer aux biotopes, aux écosystèmes, aux espèces animales et végétales, à la biosphère, une valeur propre, voire des droits. Yves Bonnardel l'affirme donc avec raison : on ne peut défendre, à la fois, les droits des animaux et les droits de la terre !

Peter Singer et les principaux représentants français du véganisme appartiennent au courant philosophique utilitariste, fondé par Jeremy Bentham (1748-1832), lequel consiste à rechercher le plus grand bonheur du plus grand nombre, ce qui suppose la réduction de la société à une somme d'individus guidés par leur seul intérêt, la recherche du plaisir et l'évitement de la peur. Sur le plan économique, Bentham sera proche du père du libéralisme, Adam Smith, puis il évoluera vers un dirigisme étatique digne de Thomas Hobbes ; sur le plan politique, il est le fondateur du modèle panoptique permettant au gardien de surveiller tous les détenus et à ses derniers de se sentir sans cesse surveillés, Michel Foucault en fera le prototype même de la société disciplinaire. Singer a dû remettre en cause ses postulats car son utilitarisme de la préférence conduisait à être nataliste et à se moquer du sort des écosystèmes.

L'utilitarisme présente un second gros péché à l'égard de la pensée écolo, c'est qu'il relève des formes de pensée qui sont celles de l'économisme. Pour l'utilitarisme, toutes les valeurs sont

1. Même si Jeremy Bentham appelait à remettre en cause l'anthropocentrisme et si John Stuart Mill souhaitait déjà une croissance nulle de l'économie et de la population.

commensurables, les satisfactions des divers besoins des individus peuvent être converties en intérêt général. L'écologie est du côté des valeurs absolues donc incommensurables : il est anti-écolo de devoir choisir entre une pollution ici ou une pollution ailleurs ! L'utilitarisme n'accorde aucun intérêt au respect des choses : les mutations génétiques ou la disparition de certaines espèces sont même souhaitables. Cette désacralisation de la nature cache une sacralisation du plus profane, c'est-à-dire de la technologie et finalement de la toute-puissance fantasmée. Les végans ont raison de dire que Dame Nature est beaucoup plus un thème poétique qu'un concept scientifique, mais ils en profitent pour jeter le bébé avec l'eau du bain, jetant même parfois la baignoire et la salle de bains. La nature est, certes, davantage une idée qu'un concept mais ce concept existe, c'est celui de biosphère, cet ensemble éminemment complexe, fait d'inertie et de vivant, dont les multiples interactions assurent le bon fonctionnement. La nature est ce qui, dans la biosphère, échappe, encore, à nos interventions, ce domaine se réduit de plus en plus en raison de l'avènement de l'anthropocène, cette humanité devenue force géologique capable de modifier le climat. Les végans conséquents ont le mérite de la clarté car ils disent être du côté de l'anthropocène, bref d'un professeur Foldingue, d'un Folamour sachant ce qu'il fait... Ben voyons !

Cette haine de l'écologie et de la nature va jusqu'au désir de stérilisation du vivant. Certains végans ultra-conséquents veulent bien de la conquête spatiale mais pas des écosystèmes dans lesquels existe toujours une chaîne alimentaire, donc de la souffrance : « Nous devons veiller à ce que les générations futures évitent de disséminer inconsidérablement des écosystèmes

> “'Dans certains, voire de nombreux cas, empêcher l'existence de la vie pourrait en effet très bien être la solution la plus éthique', Brian Tomasik.”

dans les zones où il n'en existe pas [...] Dans certains, voire de nombreux cas, empêcher l'existence de la vie pourrait en effet très bien être la solution la plus éthique [...] mais ne soutenons pas trop vite l'idée qu'il faille détruire les écosystèmes. Gardons en tête que beaucoup de personnes sont attachées au concept de vie sauvage[1] », soutient sans rire Brian Tomasik.

Les calculs utilitaristes conduisent à des arbitrages sacrifiant des animaux au profit du plus grand nombre, comme en matière d'expérimentations, ils peuvent déboucher aussi sur l'acceptation de la consommation de viande lorsque les animaux sont issus d'un élevage conçu « humainement ». C'est pourquoi d'autres courants soutiennent l'idée d'un abolitionnisme absolu fondé sur les thèses tout aussi contestables de Tom Regan ou de Gary Francione. Les végans ne sont à l'écologie que ce qu'ils sont à l'humanisme, des tartuffes !

1. Brian Tomasik, « Présentation du texte » et « L'importance de la souffrance des animaux sauvages », *Les Cahiers antispécistes*, n° 40, avril 2018.

CHAPITRE 2

LE VÉGANISME EST-IL UN NOUVEL HUMANISME ?

Les nouveaux végans médiatiques clament leur amour de l'humanisme, mais d'un humanisme qui prendrait enfin conscience de la nécessité de ne plus privilégier les humains dans leurs rapports avec les autres animaux. Cet humanisme de façade ne résiste pas à un minimum d'analyse sérieuse. Yves Bonnardel, l'un des gourous des *Cahiers antispécistes*, cofondateur de la Veggie Pride, que l'on sait être un anti-écolo forcené, vomit aussi l'humanisme. « L'humanisme, c'est le racisme, le patriarcat, la mise en éducation des enfants, les abattoirs. D'ailleurs, je me demande dans quelle mesure on ne pourrait pas dire que le nazisme était un humanisme[1] » ; « L'humanisme qui se pose comme un universalisme est un chauvinisme d'espèce, intenable d'un point de vue éthique[2] ».

Simple provocation d'adolescent attardé ? Ce serait mal connaître le fond de la pensée antispéciste... car l'antispécisme est intrinsèquement antihumaniste ! Il n'existe pas un seul grand théoricien antispéciste/végan qui soit humaniste.

---

1. *Usbek & Rica*, 22/08/2016.
2. http://bit.ly/QuestcequelAntispecisme

269 Life France mentionne à propos de ses performances sur « La fin de l'humanisme » : « Il est temps de rompre de manière décisive avec les traditions de pensées périmées, principalement héritées des religions monothéistes jusqu'à l'humanisme de la Renaissance, qui plaçaient l'humain au centre des représentations et envisageaient la réalité dans la seule perspective humaine[1]. »

Un humanisme de façade

Aymeric Caron, le journaliste des pires émissions de télé décervelantes, déclare curieusement : « L'antispécisme est donc un nouvel humanisme, qui reconnaît notre parenté avec les autres espèces animales et qui en tire les conséquences[2] »... Ce qui lui vaudra, de la part du réseau La Terre d'abord !, l'accusation de faire de la morale pour bobos ! Corinne Pelluchon se veut aussi antispéciste et humaniste : « Je suis humaniste car je pense que l'homme est différent des animaux et que lui seul peut être responsable des autres espèces présentes et futures. Je suis antispéciste car ce n'est pas parce qu'un être appartient à l'espèce animale qu'il doit être broyé comme le sont les poussins mâles dans l'élevage intensif de poules pondeuses[3]. »

Mais non, les conséquences de la « libération » animale seraient catastrophiques non seulement pour les humains puisqu'elle saperait la dynamique de l'humanisme, mais aussi pour les animaux, car elle conduirait à rompre avec eux, à supprimer les prédateurs, voire les animaux sauvages[4]. Cet antihumanisme théorique, revendiqué par les fondateurs des *Cahiers antispécistes*, est mis tactiquement de côté, lorsqu'ils publient David Chauvet : « La virulente critique

1. www.269life-france.org/nos-actions/
2. https://www.altermonde-sans-frontiere.com/spip.php?article31128
3. http://bit.ly/CPelluchon
4. J'aborde cette question dans la dernière partie de cet ouvrage.

de Paul Ariès, gouvernée par la croyance en une incompatibilité irréductible entre l'humanisme et l'antispécisme, traduit une incapacité à concevoir un humanisme qui ne soit pas ontologiquement prédateur des animaux. Ce rapport de supériorité induit la légitimité de l'exploitation qui s'abat violemment sur eux[1]. »

J'entends bien que n'existe pas un seul humanisme mais plusieurs. L'humanisme que je défends se situe au cœur du processus de libération humaine et, à ce titre, je ne peux pas accepter que les végans trahissent les émancipations passées en prétextant que la libération animale les suivrait. Ni les esclaves, ni les femmes, ni aucune autre minorité opprimée ne se sont jamais dressés en tant qu'animaux sensibles mais bien pour être reconnus comme membres à part de l'espèce humaine, grands handicapés compris ! Ni les esclaves, ni les femmes, ni aucune autre minorité opprimée n'ont été libérés par d'autres, car l'émancipation est l'œuvre des victimes elles-mêmes ! C'est pourquoi on peut être connu pour sa défense des droits des animaux, comme la philosophe Élisabeth de Fontenay, et avouer ne pas supporter l'antispécisme qui nie l'existence même d'un genre humain, c'est pourquoi on ne peut être soupçonné de vouloir seulement défendre son bifteck, comme Emmanuel Todd, et juger inquiétant l'antihumanisme des antispécistes !

L'antispécisme prétend refuser le racisme des humains envers les autres espèces, comme on combat le sexisme, le racisme et le « classisme ». Cette maxime a pour elle la force des fausses évidences... Quoi que fassent les antispécistes, ils resteront toujours spécistes, ne serait-ce que parce que l'humanité ne peut que manger d'autres espèces, animales ou végétales ! L'antispécisme se présente comme une extension de la sphère de l'égalité, mais c'est pour mieux te manger mon enfant, c'est-à-dire pour mieux

1. David Chauvet, « À qui profite le crime ? Sur la disqualification terroriste de l'ALF et ses implications juridiques et politiques remarquables », *Les Cahiers Antispécistes*, n° 39, mai 2017.

diviser entre eux les humains, en distinguant des humains qui auraient le statut de personnes, d'autres qui seraient simplement sentients, et, d'autres qui ne le seraient même pas, sans parler des transhumains supérieurs aux humains. L'antispécisme est bien le symptôme d'une crise de la notion d'égalité.

Mon frère, ver de terre

Mon frère, ver de terre est une expression éminemment sympathique, mais comme on ne peut jamais unir sans diviser, sans déplacer des frontières, il convient, avant toute chose, de savoir où passeront, désormais, les limites. Les végans et antispécistes ont progressivement tenté de retenir trois critères.

Le premier critère fut celui de la capacité à souffrir mais outre qu'il privilégie les animaux qui nous ressemblent et qu'il manque d'objectivité scientifique[1], il devient inopérant, dès lors que, sous l'impulsion de Temple Grandin[2] (professeure de zootechnie et de sciences animales à l'université du Colorado), plusieurs enseignes américaines (comme McDonald's) réclament des audits permettant d'exclure les abattoirs incapables de garantir un décès exempt de souffrance pour 95 à 100 % des animaux selon l'espèce et les techniques employées[3]. Comme l'écrit Singer : « Lorsque les animaux mènent une vie agréable, qu'ils sont tués sans douleur,

1. Les animaux souffrent indéniablement même si le statut scientifique de la sensibilité n'est pas établi. Les antispécistes conséquents appellent d'ailleurs à refonder la physique pour qu'elle cadre avec leur pensée (n° 23 des *Cahiers antispécistes*)...
2. Mary Temple Grandin, femme autiste la plus célèbre au monde, ne remet pas en cause l'élevage et propose d'inventer des abattoirs sans douleur. Elle a reçu le soutien de l'association PETA par la voix de sa présidente et cofondatrice Ingrid Newkirk. PETA lui décerna en 2004 un prix pour sa conception d'un abattoir heureux.
3. Pierre Le Neindre *et al.*, « Douleurs animales. Les identifier, les comprendre, les limiter chez les animaux d'élevage », Synthèse du rapport d'expertise réalisé par l'INRA à la demande du ministère de l'Alimentation, de l'Agriculture et de la Pêche et du ministère de l'Enseignement supérieur et de la Recherche, décembre 2009.

que leur mort n'est pas cause de souffrance pour d'autres animaux, et que la mort d'un animal rend possible son remplacement par un autre qui autrement n'aurait pas vécu, le fait de tuer des animaux dépourvus de conscience de soi peut ne pas être mal[1]. »

Tom Regan est bien obligé de reconnaître qu'on ne peut exclure que l'industrie apprenne à ne plus faire souffrir les animaux ou à les rendre insensibles à la douleur, c'est pourquoi il faudrait postuler un véritable droit naturel à la vie, mais ce droit naturel à la vie ne concerne que les animaux qui nous sont proches : « Les individus sont les protagonistes d'une vie s'ils sont capables de percevoir et de se souvenir ; ont des croyances, des désirs et des préférences ; sont capables d'agir intentionnellement afin de poursuivre leurs désirs ou leurs buts ; sont sentients et ont une vie émotionnelle ; ont une perception du futur, dont leur futur propre ; ont une identité psychophysique sur la durée ; font l'expérience d'un bien-être propre qui, d'un point de vue logique, est indépendant de leur utilité pour les autres et de l'intérêt des autres. Ces critères constituent une condition suffisante pour accorder une valeur propre, intelligible et qui n'est pas arbitraire[2]. »

Ce deuxième critère ne tient pas davantage la route pour au moins deux raisons. Il reste déjà marqué par son anthropomorphisme conduisant à exclure les insectes et notamment les colonies d'abeilles, de fourmis où l'individualisation des animaux n'est pas de mise. Ce critère oublie aussi que l'histoire a prouvé que reconnaître le caractère sentient ne change rien : les nazis savaient pertinemment que les Juifs ou les Roms étaient des êtres sentients !

Un nouveau critère, fondé sur le refus de toute exploitation, se développe, mais il est lui-même très pauvre, faute de définir ce qu'est l'exploitation, de différencier domestication, travail des ani-

---

1. Peter Singer, *La Libération animale*, Payot, 2012, coll. « Petite Bibliothèque », p. 401-402, l'édition originale de 1975 est anglophone.
2. Tom Regan, *The Case for Animal Rights*, University of California, 1983, p. 264.

maux et exploitation. Ce véganisme a pour « aboutissement logique le fruitarisme », car : « Au sujet du massacre envers les plantes. Voir des plants de carottes et d'oignons domestiqués, déterrés et agonisants, des céleris et des salades coupés sur les étals participe peut-être à encourager l'agression contre la nature, à banaliser les étals de chair de non humain-e-s car ça banalise l'asservissement, la mise à mort et la réification du vivant, même s'il n'est pas sentient et n'a pas eu de douleur. Le plant naît, grandit, respire, se nourrit, bouge lentement, se reproduit, communique peut-être, et meurt. Il a peut-être quelques droits aussi, par exemple celui de ne pas être pollué ou de ne pas avoir pour partenaires sexuels des plants OGM ? Mais peut-être pas le droit de ne pas être mis à mort, à moins d'être le dernier individu de son espèce[1] ? »

L'essentiel est, cependant, ailleurs dans la mesure où une philosophie peut aussi se juger, comme un arbre, à ses fruits... Quelles sont donc les conséquences pratiques pour l'humanité de cette posture antispéciste ?

Les handicapés sont-ils des personnes ?

Trier l'ensemble des animaux (humains ou non) en fonction d'un critère quelconque revient toujours à recréer entre eux de la hiérarchie. Proclamer l'égalité animale, c'est signifier que certains animaux seront plus égaux que d'autres, donc que certains humains seront aussi moins égaux que d'autres humains et même que certains animaux non humains. Peter Singer a le mérite de l'honnêteté en tirant les conséquences de ses prémisses : un chiot valide est plus digne qu'un grand handicapé, tuer un nourrisson serait indéniablement

1. Groupe de défense du véganisme : http://lest.forums-actifs.com/t109-une-opposition-vegan-a-l-antispecisme

moins grave que de sacrifier un grand singe ! Pour peu que vous protestiez, on vous accusera d'être un humaniste, bref un salaud.

Les manifestations de personnes handicapées se multiplient contre la « pensée Singer ». Une association de défense des handicapés a lancé en 2015 une pétition exigeant sa démission de l'université pour protester contre ses déclarations en faveur de l'infanticide précoce d'enfants lourdement handicapés. Des dizaines de militants du groupe américain « Not Dead Yet » (Pas encore morts) ont manifesté récemment aux abords de la Princeton University, bloquant la circulation avec leurs fauteuils roulants[1]. Dommage que l'humaniste Aymeric Caron ne lui ait pas rappelé ses quatre vérités lors de sa participation à la grand'messe organisée en son honneur !

Peter Singer distingue trois types d'individus : ceux incapables de souffrir, ceux qui en sont capables, et parmi ces derniers, ceux conscients d'eux-mêmes et des autres. L'égalité animale débouche sur une inégalité séparant non plus seulement les humains des animaux, mais les humains entre eux. Ce postulat, qui permet de dire que tous les humains ne sont pas des personnes, rouvre la question du droit à l'infanticide des nouveau-nés gravement handicapés (l'individu ne serait une personne que vingt-huit jours après sa naissance), des handicapés mentaux adultes très graves, des individus âgés séniles ; elle rend les expérimentations réalisables sur des humains (mais pas tous) : « Si nous décidions de procéder à des expériences scientifiques extrêmement douloureuses, voire mortelles, sur des adultes humains normaux, kidnappés au hasard dans un jardin public, les adultes pénétrant dans les parcs auraient peur d'être kidnappés… […] Les mêmes expériences réalisées sur des animaux non humains causeraient une souffrance moindre, car les animaux n'auraient pas d'avance peur d'être kidnappés pour subir des expériences […] Notons que le même argument donne des

1. http://notdeadyet.org/category/peter-singer

raisons de préférer qu'on utilise, pour les expériences, des enfants humains, par exemple des orphelins, ou des personnes gravement handicapées mentales, car les enfants ou les handicapés mentaux n'auraient aucune idée de ce qui va leur arriver [...] Du point de vue de cet argument les animaux non humains d'une part et les jeunes enfants et les attardés mentaux de l'autre se trouvent dans la même catégorie ; et si nous utilisons cet argument pour justifier une certaine expérience sur les animaux non humains, nous devons nous demander si nous sommes également prêts à autoriser cette même expérience sur de jeunes enfants humains ou des adultes attardés mentaux ; et si nous faisons à ce sujet une différence entre les animaux et ces êtres humains, sur quelle base pouvons-nous la fonder, si ce n'est un parti pris cynique – et moralement indéfendable – en faveur des membres de notre propre espèce[1]. »

Il ne s'agit pas seulement de déclarations d'intention sans conséquence, car « le *Sunday Times* (Royaume-Uni) du 26 novembre 2006 rapporte que, dans un documentaire de la BBC, Peter Singer, décrit par *The Times* comme "le père du mouvement contemporain des droits des animaux", rencontre Tipu Aziz, un vivisecteur d'Oxford qui utilise des primates dans le cadre de ses recherches sur la maladie de Parkinson. Aziz informe Singer qu'il induit le Parkinson dans les primates et prétend que son utilisation de 100 singes a aidé 40 000 humains. Singer répond : "Bien, je pense que dans un cas comme celui-là, il est clair qu'il faille admettre qu'il s'agissait d'une expérimentation justifiable. Je ne pense pas que vous devriez vous reprocher de l'avoir menée, considérant – puisque vous êtes l'expert en la matière, moi pas – qu'il n'y avait pas d'autre moyen d'obtenir les mêmes connaissances[2]." »

1. www.erudit.org/fr/revues/ltp/2005-v61-n1-ltp978/011511ar/
2. http://fr.abolitionistapproach.com/2006/11/29/peter-singer-appuie-la-vivisection-pourquoi-etes-vous-surpris/

Le tri qu'effectue Singer entre les animaux ne profite pas toujours aux humains : « Si l'on compare honnêtement le veau, le cochon et le poulet avec le fœtus, selon des critères moralement significatifs tels que la rationalité, la conscience de soi (etc.), alors le veau, le cochon et le poulet viennent bien avant le fœtus quel que soit l'état d'avancement de la grossesse. Car même un poisson manifeste davantage de signes de conscience qu'un fœtus de moins de trois mois. Un bébé d'une semaine n'est pas un être rationnel conscient de soi, et il existe de nombreux animaux non humains dont la rationalité, la conscience de soi, l'éveil et la capacité de sentir, notamment, dépassent ceux d'un bébé humain âgé d'une semaine ou d'un mois. Si le fœtus n'a pas droit à la vie comme une personne, le nouveau-né non plus. Et la vie d'un nouveau-né a moins de valeur pour celui-ci que la vie d'un cochon, d'un chien, d'un chimpanzé n'en a pour chacun de ces animaux non humains [...] Il semble donc, par exemple, que tuer un chimpanzé est pire que tuer un être humain qui, du fait d'un handicap congénital, n'est pas et ne sera jamais une personne [...] Les êtres auxquels manque la conscience de soi ne peuvent avoir le droit à la vie au sens plein du mot "droit"[1]. »

Ces thèses inadmissibles provoqueront, bien sûr, une tempête de protestations à l'échelle mondiale, y compris des manifestations de rue, mais Singer persiste et signe : « Je continue à penser que nous devons estimer la valeur d'une vie à l'aune de la qualité des expériences dont est capable l'être qui vit cette vie, indépendamment de toute considération d'espèce. Ce qui implique que nous puissions, dans certains cas, juger que la vie que mène un être de notre propre espèce dont les capacités intellectuelles sont gravement diminuées a intrinsèquement moins de valeur que la vie d'un animal non humain. C'est clair par exemple si l'on compare

1. Peter Singer, *Questions d'éthique pratique*, Bayard, 1998, p. 105-165.

la vie d'un être humain réduit à un état végétatif durable, sans aucun espoir de jamais en sortir, et celle du chien[1]. »

Peter Singer se réfère aux indicateurs d'humanité proposés par le sulfureux théologien protestant Joseph Fletcher (1905-1991), favorable à l'infanticide, à l'euthanasie, à l'eugénisme et au clonage. Singer se défend bien sûr de promouvoir l'idéologie nazie « selon laquelle l'État devait décider qui méritait de vivre », car sa thèse vise à réduire le pouvoir de l'État en permettant aux parents de prendre les décisions cruciales en accord avec leurs médecins…

Je pense, à l'inverse de Luc Ferry, que ce n'est pas la logique du balancier qui fait reconnaître des droits aux animaux, mais un besoin de rabaisser l'humain. La « libération » animale est donc bien un problème de relation à l'humanité. Cette pensée perverse ne peut que nourrir des thèses immondes, car le refus même de la fiction nécessaire de la séparation humain/animal, pour pouvoir penser l'unité du genre humain, ouvre la possibilité de penser et de créer une « sous-humanité », à travers le postulat d'un continuum de situations.

Ami mangeur de viandes, de fromages et buveur de laits, lorsqu'un végan veut te réduire au silence en répétant que l'humain et le chimpanzé partagent 98 % de leur ADN en commun, rappelle-lui déjà que ce taux ne porte que sur le 1,5 % de gènes codants, demande-lui aussi quelle moitié de la banane il consomme, puisque nous avons 50 % d'ADN en commun avec elle.

Ami végan, je te concède, blague à part, que l'humanité a, bien sûr, un fondement biologique mais associé à d'autres dimensions (sociale, psychologique, politique, culturelle, économique, spirituelle). L'humain est donc en même temps un animal et autre chose. Cette

---

1. « Entretien avec Peter Singer », *Critique*, n° 747-748, « Libérer les animaux ? », août-sept. 2009, p. 652-663. Propos recueillis et traduits par Françoise Balibar et Thierry Hoquet.

posture date d'il y a deux millions d'années, lorsque *Homo habilis* franchit le « rubicon cérébral » et créa l'outil. Nous ne sommes pas seulement des animaux mais des humains vivant en société, avec des spécificités biologiques mais aussi anthropologiques.

La zoophilie est-elle soluble dans le véganisme ?

J'avais eu droit, en 2000, aux humeurs des grands prêtres des *Cahiers antispécistes* pour avoir estimé que la « pensée-Singer » supprimait tout ce qui interdisait de légitimer la zoophilie et l'inceste. J'étais un nouveau Torquemada qui brûlait en effigie leur dieu. Je ne pouvais dans leur tête de mammifères supérieurs qu'être un « chrétien » pour proférer de telles obsessions, moi, qui, Dieu merci, ne suis pas baptisé et bouffe du curé ! Que n'avais-je dit en rappelant que l'interdit de la zoophilie et de l'inceste constituent des invariants anthropologiques avec lesquels on ne joue pas impunément.

Sitôt l'encre des invectives séchée, Peter Singer défend, dans son fameux « Heavy Petting »[1], certaines formes de rapports sexuels entre les humains et les animaux. Ce texte a provoqué la colère de Tom Regan. Gary Francione exigea de Singer qu'il démissionne de son poste de président du projet « Grands singes ». La liste « Végétarien » se divisa alors entre ceux qui applaudissaient Singer (il en existe) et d'autres qui le vomissaient et qui considéraient même que ce

« Peter Singer défend, dans son fameux « Heavy Petting », certaines formes de rapports sexuels entre les humains et les animaux. »

1. www.cahiers-antispecistes.org/lyncher-pour-ne-pas-etre-lynche/

sont ces casseroles qui empêchent des gens, comme moi, d'être végétariens. Estiva Reus, maître de conférences à l'université de Bretagne, prenait la défense de Singer, expliquant que ses détracteurs préféraient lyncher pour ne pas être lynchés : « C'est la peur qui suscite chez le mouvement de libération animale l'envie de faire taire Singer [...] parce que la zoophilie est un domaine où la réprobation sociale est demeurée puissante, la raison a cédé la place à la panique [...] Parce que le sexe avec les animaux est un sujet tabou, les réactions à "Heavy Petting" ont atteint un paroxysme de virulence et de bêtise [...] Le malaise tient à la peur d'affronter les autres et aussi à la peur de reconnaître ses propres incertitudes face aux choix difficiles[1]... » Estiva Reus ajoutait me concernant : « Est-ce à cause de Singer que Paul Ariès – comme le suggérait un intervenant de la liste Végétarien – s'est mis à vomir sur les tenants de la libération animale, alors qu'au départ il n'aurait eu aucune hostilité envers les végans ? En fait, Ariès n'a pas attendu la parution de "Heavy Petting" (2001) pour faire le lien entre antispécisme et zoophilie[2]. »

J'avais, en effet, dès 1997, montré dans *Libération animale ou nouveaux terroristes ? – Les saboteurs de l'humanisme*, en quoi la logique de l'antispécisme à la Singer conduit à remettre en cause les grands invariants anthropologiques.

Estiva Reus appelle à en rester au niveau des faits lorsque Singer évoque la possibilité de « contacts sexuels mutuellement satisfaisants[3] » : « Je parierais volontiers qu'aucun des inquisiteurs ne détient une telle preuve, et qu'ils savent parfaitement que dans certains cas eux-mêmes auraient du mal à expliquer en quoi une relation d'ordre sexuel avec un humain est cruelle ou nocive

1. *Ibid.*
2. *Ibid.*
3. *Ibid.*

pour les non-humains. Ces cas sont ceux où les animaux sont manifestement *demandeurs*, ou ceux où ils participent à une activité à connotation sexuelle *de leur propre mouvement*, sans que l'initiative vienne de l'humain, et sans qu'ils y soient incités par des cajoleries, par un ordre, ou par la contrainte. Il est difficile de croire que les humains qui prêtent obligeamment leur jambe à un chien, ou leur bras à un chat ou un canard pour qu'ils s'y livrent avec enthousiasme à des frottements leur procurant une excitation sexuelle ne leur occasionnent pas un plaisir. Et si quelques-uns des humains qui acceptent d'être utilisés de la sorte ne le font pas uniquement pour rendre service, mais en éprouvent eux-mêmes une jouissance, où est le crime ? S'il est exact que certains chiens lèchent spontanément la vulve d'une femme étendue jambes entrouvertes, ou les organes génitaux d'un couple qui vient de faire l'amour, et que la femme ou le couple trouvent agréable de se faire lécher de la sorte, ne peut-on pas parler de relations mutuellement satisfaisantes ? L'hypothèse de Singer paraît pour le moins plausible[1]. »

J'avoue ne pas savoir si Will Kymlicka et Sue Donaldson, dont nous parlerons bientôt, visent, également, la zoophilie lorsqu'ils écrivent : « Notre conception de l'épanouissement humain ne doit pas poser que les relations les plus importantes doivent être celles nouées avec d'autres humains, et non avec des membres d'autres espèces [...] Pourquoi des concepts tels que la communauté, la sociabilité, l'amitié et l'amour devraient-ils être limités au cercle de l'espèce[2] ? »

Peter Singer et quelques autres antispécistes se sont ensuite demandé au nom de quoi la société pouvait condamner l'inceste entre personnes consentantes[3]. Ce sont ces mêmes végans qui se veulent

1. *Ibid.*
2. *Zoopolis*, p. 97-98.
3. http://bit.ly/incestCrime

des champions toutes catégories de l'éthique, face à des mangeurs de viande diaboliquement immoraux.

J'accuse ces végans de saper les conditions d'une morale accomplie, en déniant à certains humains la qualité de personne, en prônant l'eugénisme, en banalisant la sexualité avec les animaux et l'inceste.

J'accuse ces végans de relativisme éthique dès lors qu'ils introduisent la notion de qualité de vie pour juger de la dignité d'une personne handicapée, sénile, etc. J'accuse ces végans de relativisme éthique puisque, à les écouter, les camps d'extermination ne seraient qu'un détail dans l'histoire au regard de la situation animale, parce que parler d'un « Éternel Treblinka[1] » constitue une banalisation du génocide juif, tsigane, homosexuel, parce que comparer la libération des animaux à celle des esclaves est une pensée odieuse conduisant à tous les dérapages. « Oui, Christiane Taubira est un singe, et moi aussi », titre Dominic Hofbauer, corédacteur des *Cahiers antispécistes*, coordinateur de L214 Éducation[2]... Peut-on vraiment utiliser une insulte raciste courante pour défendre la cause animale ? Il faut croire que ces antispécistes blancs continuent à ne pas voir les Noirs, à rendre invisibles leur souffrance, leur sensibilité. Le même raisonnement vaut lors des comparaisons entre les abattoirs et les camps d'extermination, entre les mangeurs de viandes et des nazis, que penser de la comparaison odieuse de l'insémination des vaches laitières ou des chevaux à des viols...

L'antispécisme est bien une pensée glissante qui ouvre des boulevards aux idéologies nauséabondes.

1. Que ce soit un juif mystique, Isaac Bashevis Singer, qui ait osé faire cette comparaison odieuse n'enlève rien à l'horreur. Le pire, c'est qu'il a été suivi systématiquement sans même que les végans n'aient conscience du danger.
2. www.huffingtonpost.fr/dominic-hofbauer/oui-christiane-taubira-singe_b_5599521.html

Quels droits politiques pour les animaux ?

Les antispécistes nous prennent volontiers pour des imbéciles lorsqu'ils s'amusent à répéter qu'il ne s'agit pas de donner le droit de vote aux poules[1]. L'antispécisme soutient bien que l'égale considération des intérêts ne débouche pas sur l'égale considération de traitement et de droits, mais la communauté politique ne s'en tirera pas à si bon compte, comme le prouvent les thèses des transhumanistes végans et celles des adeptes de *Zoopolis*. Cet ouvrage des végans Will Kymlicka (universitaire canadien) et Sue Donaldson (son épouse, auteure d'un ouvrage de cuisine végane) se veut un complément à celui de Peter Singer sur *la libération animale*[2]. Que devraient être les relations entre les humains et les autres habitants de la Terre ? Ces végans entendent passer des seuls droits négatifs (ne pas être soumis à des traitements dommageables) à de véritables droits positifs différenciés en fonction de la situation concrète des individus, humains et non humains. Leur but est d'intégrer les animaux à la société politique en les répartissant dans trois catégories, non pas définies par leurs caractéristiques mais en fonction de leur lien avec les humains (anthropocentrisme quand tu nous tiens !) : les animaux sauvages organisent leur existence indépendamment des humains ; les animaux liminaux mènent une existence indépendante dans des zones peuplées d'humains ; les animaux domestiques vivent liés aux humains... Ces végans désirent

> « Ces végans désirent donc faire des animaux domestiques des citoyens à part entière de la communauté politique. »

1. http://bit.ly/mangeursSalade
2. Ce livre est paru en novembre 2011 et été présenté par Estiva Reus dans un hors-série enthousiaste des *Cahiers antispécistes*, n° 37, mai 2015.

donc faire des animaux domestiques des citoyens à part entière de la communauté politique tandis que les animaux liminaux se verraient reconnaître certains droits concernant le statut de résident et que les animaux sauvages seraient privés de droit politique. *Zoopolis* ne reconnaît plus seulement le statut de personne (assistée) aux animaux mais celui de citoyen. Ces animaux, dotés de la citoyenneté au même titre que les humains, devraient également prendre part, au même niveau, au processus législatif.

Ami mangeur de viandes, de fromages et buveur de laits, si tu ne saisis pas comment faire des animaux domestiques des agents politiques à part entière, c'est que tu n'as pas compris que la surdité des humains à ce que veulent/disent les animaux serait une disposition acquise et qu'il serait possible de se doter des moyens de consulter les animaux, d'interpréter leurs signaux non verbaux, de leur reconnaître des collaborateurs et des représentants (humains) au sein des institutions politiques.

Ami végan, si tu te demandes jusqu'où pourraient aller ces droits politiques reconnus aux animaux domestiques, sache qu'ils bénéficieraient du droit d'être socialisés (familiarisation avec leur environnement, réduction ou élimination des comportements agressifs pour éviter que le chien ne persécute le chat, acquisition d'habitudes comme l'apprentissage de la propreté), des droits à la santé et à la sécurité (accès aux soins médicaux à l'égal des autres citoyens, protection contre la prédation), du droit à une alimentation non carnée, à la sexualité et à la famille (avec dispositifs de limitation des naissances), du libre accès à l'espace public (ce qui suppose la suppression des interdictions de divagation et des discriminations dans les hôtels, les squares, les plages, etc.).

Les auteurs de *Zoopolis* soutiennent que les animaux doivent prendre part à la coopération sociale, en tant que fournisseurs de produits ou de services, car il est légitime d'attendre des citoyens (humains et non humains) qu'ils participent à la production des richesses. Ce travail serait encadré afin d'accorder du temps libre aux animaux, mais il serait interdit de les embaucher pour des activités contraires à leur projet de vie, comme être un chien dressé pour devenir l'assistant permanent d'une personne handicapée.

Le danger n'est pas d'améliorer la situation des animaux par voie législative, mais de rabaisser les droits humains, sous prétexte d'élever ceux des animaux. S'agit-il de précipiter le passage d'un droit unique à des droits différents ? Les animaux domestiques et les humains (enfin, peut-être pas tous) se trouveraient ainsi à égalité dans une communauté politique mixte « humanimale » *(sic)*...

CHAPITRE 3

LE DOUBLE NÉGATIONNISME DES VÉGANS !

Cinquante-huit milliards de mammifères et d'oiseaux sont tués dans le monde chaque année pour la consommation humaine. En France, ce sont plus d'un milliard et 40 millions de bovins, ovins, caprins, équins, volailles… Ces chiffres sont impressionnants, mais ils pèsent peu au regard du nombre d'insectes et d'autres animaux tués dans le cadre de l'agriculture, notamment intensive. Ils ne sont rien au regard de la destruction de la flore par cette même agriculture. Les végans ont donc une sensibilité à géométrie variable car le sauvetage des animaux qui nous ressemblent le plus les rend aveugles à la souffrance d'autres êtres sentients (insectes) ou intelligents (végétaux).

Une agriculture tueuse d'animaux

Les végans ne dénoncent pas les apprentis sorciers de l'agriculture intensive qui ont détruit toute vie organique dans 90 % des sols cultivés européens. Le sol est une matière vivante qui concentre 80 % des êtres vivants de la planète, sur seulement trente centimètres d'épaisseur. Les vers de terre, à eux seuls, pèsent plus lourd que tous les autres animaux du monde. Claude et Lydia

Bourguignon rappellent que le taux de matière organique du sol est passé de 4 à 1,4 %[1], et, comme toute la vie du sol en dépend, l'écosystème s'écroule. Les populations d'oiseaux, de reptiles, de batraciens ont chuté de 90 % en cinquante ans. Les Bourguignon dénoncent trois causes principales de ce désastre : des labours trop profonds, des engrais chimiques et le désherbage systématique. L'agriculture industrielle, bien plus que l'élevage, fait disparaître la matière organique des sols qui sert d'alimentation à la faune et aux microbes du sol. L'agriculture productiviste vend sa solution : comme les sols sont biologiquement morts, on leur ajoute de plus en plus d'engrais chimiques ! Fausse solution, car les rendements continuent à chuter en raison de l'usure des sols et parce que cette fuite en avant accélère la dégradation des produits : 40 % des blés européens sont de si piètre qualité qu'ils ne sont plus panifiables ! L'alternative est du côté d'une agriculture paysanne, ce qui suppose de préférer le fumier aux engrais chimiques, de replanter des haies, de reboiser les zones sensibles, de gérer la matière organique des villes, de développer l'agriculture bio locale couplée à l'élevage traditionnel…

> « Tuer des animaux pour faire pousser des salades serait donc moins grave du point de vue végan et antispéciste que de les manger directement ! »

Les végans, prisonniers de leur anthropomorphisme, ne voient pas que l'agriculture tue 25 fois plus d'animaux doués de sensibilité par kilo produit[2]. Michael Archer, professeur australien d'écologie, estime que pour produire 100 kilos de protéines de blé, il faut tuer en moyenne 55 souris… Ces chiffres sont repris y compris au sein des réseaux végans les plus conséquents (voir p. 134). Tuer des animaux pour

1. www.passerelleco.info/article.php?id_article=990
2. http://bit.ly/vegetarienstuent25xplus

faire pousser des salades serait donc moins grave du point de vue végan et antispéciste que de les manger directement !

Ami végan, sais-tu que l'entomofaune est au bord de l'effondrement et que ce n'est plus le moment de polémiquer entre vous pour savoir si les insectes sont ou pas des êtres sentients, car, sans eux, toute la biodiversité s'effondre ? Sais-tu que beaucoup d'insectes ressentent de la souffrance, que même des invertébrés, comme les vers de terre, souffrent puisqu'ils émettent des opioïdes endogènes qui ne sont libérés que lors d'une sensation douloureuse intense ?

Je sais bien que les végans sont divisés sur le sort à réserver aux insectes. Peter Singer et Tom Regan se disent favorables à la protection des récoltes. D'autres estiment qu'il serait possible de tuer des insectes menaçant des aliments, mais pas ces mêmes insectes menaçant des plants de tabac, qu'il serait possible de tuer des insectes menaçant la récolte, mais pas l'esthétique des produits, etc.

Ami végan, sais-tu qu'à cause de la conversion des terres d'élevage en cultures intensives, un tiers des oiseaux nicheurs se trouve en danger d'extinction ? Sais-tu qu'une fois qu'une espèce a perdu la moitié de ses spécimens, les choses vont très vite et que le pire n'est pas incertain ? Sais-tu, toi qui milites pour la défense des abeilles, que les autres insectes volants jouent un très grand rôle dans la pollinisation de 80 % des plantes sauvages et l'alimentation de 60 % des oiseaux ? Comptes-tu sur les pollinisateurs artificiels ?

Ami mangeur de viandes, de fromages et buveur de laits, as-tu pris conscience de ce que signifie la chute de la biomasse d'insectes de 75 % en vingt-sept ans ? As-tu estimé les conséquences du déclin massif des oiseaux, 33 % depuis 2011 ? Comprends-tu que la baisse de 38 % de l'Indice Planète Vivante (IPV) pour les vertébrés terrestres entre 1972 et 2012 est une bombe à retardement ? Tu connais maintenant les causes de cette catastrophe, l'intensification agricole, les insecticides, notamment les néonicotinoïdes, la transformation des prairies en paysages plus homogènes, moins favorables à la biodiversité… Que fais-tu pour défendre l'élevage en prairie ? Que fais-tu pour l'interdiction des néonicotinoïdes dont la dangerosité est avérée, même à doses infinitésimales ?

Ces antispécistes défenseurs de l'élevage… industriel

Tous les végans ne naissent pas avec des œillères et certains reconnaissent la responsabilité de l'agriculture industrielle dans l'hécatombe… animale. Le hiatus, c'est que ces végans les plus conséquents sont des fous dangereux[1] ! L'antispéciste Thomas Sittler-Adamczewski recommande aux végans de devenir omnivores et à ceux qui le sont de consommer encore plus de viande, car il faut davantage de terres agricoles pour nourrir les animaux d'élevage et que ces terres prises à la nature abriteraient moins d'animaux sauvages dont la vie ne vaut pas d'être vécue. Brian Tomasik se demande si finalement manger de la viande ne réduirait pas la souffrance animale globale, sauf que ces animaux augmenteraient le nombre d'insectes, donc la souffrance. Ces végans sont conduits à établir de véritables taux de change pour établir la comparaison entre des vies d'insectes et des vies d'autres animaux d'élevage. Brian Tomasik conclut que « le signe positif ou négatif de l'impact du végétarisme sur la souffrance animale n'est pas facile à déterminer tant pour ce qui est des effets à court terme sur les animaux sauvages, que pour ce qui est des effets à long terme sur les valeurs de la société[2] ». Il conclut que l'élevage a certainement un effet

---

1. Voir notre développement concernant ceux qui prônent l'élimination des animaux sauvages, p. 131 de cet ouvrage.
2. Brian Tomasik, « L'importance de la souffrance des animaux sauvages », *Les Cahiers antispécistes*, n° 40, avril 2018, texte initialement paru en anglais dans la revue *Relations. Beyond Anthropocentrism,* volume 3, n° 2.

positif de réduction de la souffrance dans la nature et que mieux vaut lutter pour de meilleures conditions d'élevage et d'abattage.

Les végétaux souffrent-ils ?

Les antispécistes restent spécistes à l'égard des espèces végétales qu'ils mangent et dont ils nient, par ailleurs, la souffrance et l'intelligence. Le système de défense des végans est en deux temps. Ils nient la souffrance végétale en rappelant que l'existence de la souffrance suppose celle d'un système nerveux et ils croient, ensuite, faire taire leurs contradicteurs en précisant que si quelqu'un se soucie vraiment de la souffrance des végétaux, il doit devenir végétarien, car la production de viande suppose de nourrir des animaux avec d'importantes quantités de végétaux. Ces végans oublient, simplement, lorsque cela les arrange, que, comme les animaux, certains végétaux sont plus « sentients » que d'autres : le cri de la carotte dévorée est probablement plus fort que celui de l'herbe avalée par la vache !

J'ai engagé un long débat avec Fleur Daugey, une des meilleures spécialistes françaises de l'intelligence des plantes[1]. À la question de savoir si après que le XXe siècle a été celui de la reconnaissance de l'intelligence des animaux, le XXIe siècle ne sera-t-il pas celui de la reconnaissance de l'intelligence des végétaux, la chercheuse répond tranquillement oui. À mes doutes concernant l'intelligence des plantes, sa réponse est sans équivoque : « Elles sentent, elles communiquent, elles se comportent et prennent des décisions. Même sans système nerveux, les informations circulent des racines aux feuilles comme dans le cerveau des animaux : on enregistre des potentiels d'actions chez les plantes, qui sont les signaux

1. Fleur Daugey, *L'Intelligence des plantes – Les découvertes qui révolutionnent notre compréhension du monde végétal*, Éditions Ulmer, 2018 ; notre entretien est paru dans la revue *Les Zindigné.e.s*, n° 49.

électriques qui circulent de neurone en neurone. Elles possèdent également les mêmes neurotransmetteurs que les animaux : dopamine, sérotonine, glutamate notamment. De même, les plantes reconnaissent celles qui leur sont apparentées et se comportent différemment avec elles qu'avec des végétaux "étrangers". » Comme je la questionne sur ce que pourrait être le cerveau des plantes, elle me parle de « l'hypothèse de la racine-cerveau [qui] a été lancée par Charles Darwin et son fils Francis. Le savant considérait que l'extrémité de la racine fonctionnait de manière équivalente au cerveau d'un ver de terre, recevant des informations par ses sens et les analysant avant d'agir. Darwin & fils ont isolé une zone de 1 à 1,5 millimètre au bout de la racine, qu'ils considèrent comme la plus sensible. Aujourd'hui, les scientifiques l'appellent "zone de transition" : il s'agit du fameux centre de commande qui fonctionnerait à la manière d'un cerveau. Cette hypothèse est reprise et étudiée par Stefano Mancuso et František Baluška. Les instruments de mesure actuels permettent de mesurer une activité électrique intense dans cette zone ». À la question de savoir si les végétaux ressentent de la douleur, Fleur Daugey répond par l'affirmative : « Quand on brûle les feuilles d'une plante, on enregistre une activité électrique accrue, ce qui signale une réaction de sa part, même si nous ne savons pas encore comment l'analyser [...] L'odeur du gazon que l'on tond est un signal d'alarme odorant. Une sorte de cri silencieux, en effet... Cette odeur est un composé volatil de feuille verte que les plantes relâchent pour signaler alentour qu'une attaque est en train de se dérouler ».

“Fleur Daugey : 'L'odeur du gazon que l'on tond est un composé volatil de feuille verte que les plantes relâchent pour signaler alentour qu'une attaque est en train de se dérouler.'”

La grande différence entre les omnivores et les végans, c'est que les premiers n'ont pas besoin de nier la souffrance animale et végétale pour défendre leur système de pensée, alors que les seconds le doivent, sauf à devenir fous et à prôner, comme les adeptes du manifeste végan OOS, le suicide de masse[1]...

Ami végan, quand reconnaîtras-tu que toute vie ne naît que de la mort[2] ?

Ami mangeur de viandes et de fromages et buveur de laits, ne sois pas comme ton frère végan négationniste, apprends à tirer les leçons de la souffrance animale comme végétale à la façon de Peter Wohlleben[3] ! Défends l'agroforesterie, la vraie agriculture biologique, l'élevage traditionnel, les abattoirs sur place !

---

1. J'aborde plus loin l'existence de ce manifeste et sa signification.
2. Je renvoie à mes contributions dans l'ouvrage collectif *Dictionnaire de la mort* (sous la direction de Philippe di Folco), Larousse, 2010.
3. Peter Wohlleben, *La Vie secrète des arbres*, Les Arènes, 2017.

QUATRIÈME PARTIE

LE VÉGANISME, UN MONDE SANS ANIMAUX

CHAPITRE 1

POURQUOI LES VÉGANS DISENT NE PAS AIMER LES ANIMAUX ?

Les végans répètent en boucle qu'ils n'aiment pas spécialement les animaux. Ils agiraient au nom de valeurs comme le refus de l'exploitation, de la domination. Le débat est biaisé car ce sont ces mêmes valeurs qui peuvent les conduire à parler de supprimer tous les êtres sentients, notamment les animaux sauvages. Ce ne sont pas les animaux qu'ils aiment mais la souffrance qu'ils refusent. Ils n'acceptent pas le caractère imparfait de la vie au regard de leurs fantasmes, ils ne tolèrent pas que l'humanité ne soit pas encore toute-puissante ! Les végans n'ont qu'un regret, ne pas être des dieux capables de formater les espèces vivantes et la planète. Leur pseudo-rationalité cache un culte démesuré... de l'hybris.

Les végans contre la viande d'animaux heureux

Le véganisme ne prolonge pas les mouvements de défense des animaux. Il ne reproche pas seulement à la SPA, à la fondation Bardot, à PETA, de ne pas aller assez loin ou assez vite, mais de ne pas aller dans la bonne direction. Tom Regan proclame que le but du mouvement doit être abolitionniste : « Notre but n'est pas d'élargir les cages, mais de faire qu'elles soient vides. » Il s'oppose à ceux qui tentent d'adoucir le sort des animaux, car « il n'y a aucune donnée empirique, historique, qui suggère qu'on se débarrasse de quelque chose en commençant par le réformer[1] », bref il n'existerait pas de viande d'animaux heureux.

Tiphaine Lagarde, cofondatrice de 269 Libération Animale, proclame se reconnaître peu dans la famille de la protection animale : « Nous considérons l'usage aujourd'hui fait du véganisme [...] comme profondément individualisant et dépolitisant » ; « Nous n'exigeons pas une mise à mort plus "douce", des cages plus grandes ou des gammes de produits végétaux supplémentaires, mais l'abolition de l'asservissement de l'animal par l'homme[2]. »

Faut-il supprimer les batteries de poules et les box à veaux ?

Les végans conséquents qui s'associent aux mobilisations contre les batteries de poules, les box à veaux... n'ont finalement d'autre but que d'habituer le grand public à prendre en considération la souffrance animale afin d'avancer vers l'interdiction de la viande et non pas d'améliorer le sort des animaux.

Peter Singer fait exception en défendant le principe de l'alimentation carnée lorsqu'elle est le fait d'omnivores consciencieux, c'est-à-dire ne mangeant que des animaux élevés et tués « humainement »...

1. http://bibliodroitsanimaux.free.fr/tomreganentretien.html
2. http://269liberationanimale.fr/fr/presentation-association/

Ce qui est inacceptable, ce n'est pas manger de la viande mais manger de la viande issue de l'élevage intensif !

Je serais d'accord avec Singer, mais à une seule condition, dire la même chose concernant les végétaux, être aussi un mangeur de céréales consciencieux !

Gary Francione est devenu l'ennemi intime du pape de la libération animale : « Peter Singer soutient qu'être un omnivore consciencieux est une position éthique défendable. Il prétend qu'être un végan en toute circonstance est fanatique. Il se décrit lui-même comme un végan flexible, qui est non-végan quand cela l'arrange. Il mentionne manger des œufs et du lait bio. Il parle du luxe de manger de la viande et autres produits provenant d'animaux qui ont été bien traités, selon lui, et tués humainement[1]. »

Ami mangeur de viandes, de fromages et buveur de laits, tu aurais tort de croire que les végans rejouent le grand débat historique sur « réforme ou révolution » ! Ce n'est pas une question de rythme mais de direction !

Ami végan, si tu n'es pas encore convaincu que l'antispécisme n'est pas ce que tu crois, c'est maintenant que tes yeux vont commencer à s'ouvrir !

---

1. http://bit.ly/reduiresouffrance

CHAPITRE 2

FAUT-IL SUPPRIMER LA PRÉDATION ANIMALE ?

Les végans ne sont pas tous stupides malgré les carences vitaminiques : ils savent que supprimer seulement l'alimentation humaine carnée, sans toucher au reste de la prédation animale, ne serait qu'une goutte d'eau. Cette posture antiprédation est celle de nombreux antispécistes conséquents comme Yves Bonnardel, David Olivier, André Méry, Steve Sapontzis. André Méry nous introduits directement au cœur de l'impensée végane : « Je n'arrive pas à me représenter comment on pourrait préférer notre monde actuel qui est une chaîne continue de dévoration des uns par les autres, à un monde dans lequel les seuls dévorés seraient des végétaux. Personnellement, si j'avais le choix, je choisirais un monde d'herbivores où la souffrance alimentaire "naturelle" (celle-là au moins) serait supprimée en attendant de supprimer également la "culturelle" et de rendre tout le monde végétarien[1]. » L'espèce humaine doit donc tirer les conséquences de sa domination sur les autres espèces, afin de faire leur bonheur sans elles et, même, contre elles !

1. www.cahiers-antispecistes.org/sur-la-predation-reponse-a-philippe-laporte/

Vers des post-animaux

Les végans se font les meilleurs défenseurs de la toute-puissance, puisqu'il s'agit d'« intervenir sur la vie pour mieux la respecter » (pour respecter leurs propres fantasmes), en développant la recherche génétique pour modifier le comportement des animaux... Si vous aimez les OGM, soyez végans !

“Si vous aimez les OGM, soyez végans !”

Ami végan, si tu crois que j'exagère, lis tranquillement ce qui suit : « Si nous savions comment se construit génétiquement un renard et quels gènes font quoi et en relation avec quoi, si nous savions décrypter et interpréter son code génétique, alors nous saurions quelles informations conduisent à des dents de carnassiers et quelles modifications conduiraient à des dents de mangeurs de feuilles, quelles informations conduisent à un système digestif de carnivore et quelles autres conduiraient à un système digestif d'herbivore [...] Le renard serait-il toujours un renard ? En aurait-il même l'aspect ? Je ne vois pas en quoi ces questions sont importantes. Si un “néo-renard” végétarien avait sa place dans l'écosystème, en quoi importerait-il qu'il ressemble à l'ancienne espèce ? Pourquoi la forme “renard” telle que nous la connaissons actuellement serait-elle à préserver pour l'éternité ? [...] Quant au lapin, comprendre quels mécanismes ont conduit cette espèce à avoir une fertilité élevée serait sans doute bien plus facile [...] Je pense que des expérimentations parfaitement contrôlées et limitées sur les animaux peuvent être justifiables dans la mesure où c'est le bien de l'animal lui-même qui est en jeu[1]. »

Ami lecteur, vous pensez, sans doute, que ce désir de modifier la nature ne concerne que notre planète, vous vous trompez, certains,

1. *Ibid.*

et pas des moindres, tout en étant conscients des risques liés aux technologies, se demandent si la mission de l'humanité ne serait pas d'intervenir sur d'autres planètes : « Si un jour nous envoyons des sondes robotiques dans l'espace, elles pourraient s'avérer très utiles pour réduire la souffrance des animaux sauvages sur d'autres planètes (espérons qu'aucun écologiste ne s'opposera alors à une intervention dans les écosystèmes extraterrestres)... En attendant que l'humanité accède à la sagesse suffisante pour ne pas prendre le risque d'augmenter la souffrance en reproduisant sur Mars des conditions environnementales similaires à celles présentes sur Terre, grâce à la "terraformation", ou grâce à une panspermie dirigée qui consisterait à envoyer des sondes dans la galaxie afin d'ensemencer d'autres planètes et d'y introduire la vie, sensibilisons les humains à ces questions en cessant de manger de la viande pour développer l'idée de lutter contre la souffrance[1]. » L'auteur reconnaît qu'il pourrait être dangereux d'évoquer la cause des animaux sauvages avant que le grand public ne soit prêt à l'entendre. Il recommande donc de « démarrer un travail de sensibilisation sur la souffrance des animaux sauvages en ciblant les milieux les plus réceptifs, comme ceux des philosophes, des militants animalistes, des transhumanistes et des scientifiques[2] ». David Olivier recommande, également, tactiquement de concentrer les efforts sur la prédation humaine, c'est-à-dire sur la consommation de viande.

Chats et chiens végans

Steve Sapontzis avance des solutions fort sages pour supprimer la prédation : donner une alimentation végane aux grands prédateurs pour les empêcher de chasser, protéger leurs proies habituelles,

1. Brian Tomasik, *L'importance de la question de la souffrance des animaux sauvages.* – http://www.cahiers-antispecistes.org/limportance-de-la-souffrance-des-animaux-sauvages/
2. *Ibid.*

envisager de faire avaler des pilules contraceptives aux herbivores afin de prévenir leur surpopulation et/ou leur donner de la viande de synthèse, comme le suggère Bertrand Cassegrain de l'université de Genève[1]. Certains clament que les végétariens cohérents devraient considérer de leur devoir de tuer les animaux carnivores, ainsi Peter Alward recommande, dès 2000, dans son article « The Naive Argument against Moral Vegetarianism » : « Végétariens, tuez vos chatons[2] ! » Le fait que le chat ou le lion n'ait pas conscience de mal agir ne change rien au mal commis. Il recommande d'euthanasier les carnivores, car, dès lors qu'on ne les laisse plus tuer leurs proies, on ne peut les laisser mourir de faim. La question des aliments végans pour chats et chiens n'est donc pas seulement un bon marché (qui ne va pas sans poser de réels problèmes diététiques), mais une façon de commencer à habituer les humains à sacrifier la prédation et par conséquent les prédateurs ! David Olivier, l'un des pères de l'antispécisme français, semble être un bon candidat au poste de sélectionneur en chef des animaux, ou mieux des espèces, ayant ou non le droit de vivre : « Il y a une forte valeur symbolique, il me semble, à affirmer qu'il serait juste de prévenir la prédation, même au prix de la vie du prédateur [...] Accepter qu'en effet nous puissions vouloir l'universalisation de cette maxime peut nous permettre d'agir plus sereinement[3]. » Mais chut ! David Olivier recommande « stratégiquement » (hypocritement ?) de se concentrer, pour l'instant, sur la question de la consommation de viande par les humains !

“Peter Alward : ‘Végétariens, tuez vos chatons !’”

1. « Laissons la lionne tuer la gazelle : Droits des animaux, prédation, devoir d'assistance et défense d'un tiers », *Philosophiques*, vol. 38, n° 2, automne 2011, p. 439-464.
2. www.environmentandsociety.org/mml/alward-peter-naive-argument-against-moral-vegetarianism
3. Blog de David Olivier, « Sur le droit à la vie des prédateurs », 4 mai 2016.

CHAPITRE 3

LA VIE DES ANIMAUX SAUVAGES VAUT-ELLE D'ÊTRE VÉCUE ?

L*es Cahiers antispécistes* ont consacré, en mai 2018, un numéro pour publier le livre d'Estiva Reus *Éliminer les animaux pour leur bien* au sous-titre bucolique *Promenade chez les réducteurs de la souffrance dans la nature.* Il faut bien admettre que la pensée RWAS (Reducing Wild-Animal Suffering) gagne des positions, est représentée au sein du monde académique, possède des sites dédiés, des conférenciers internationaux, des adeptes forcenés, etc. Le paradigme de base de ces végans ultra-conséquents affirme que les animaux d'élevage (notamment traditionnel) sont toujours beaucoup plus heureux que les animaux sauvages !

La duplicité végane, encore et toujours

Estiva Reus reconnaît que cette « humanité – ou l'élite parmi elle – qui terrassera la marâtre Nature n'est en fait saisie qu'à travers une seule de ses qualités, la rationalité, qu'elle doit posséder au plus haut degré pour pouvoir remplir sa mission [...] L'humanité – ou l'élite parmi elle – doit endosser la fonction de roi philosophe, et prendre la "direction consciente" de la planète [...] une seconde caractéristique de la pensée RWAS est que, logiquement, elle doit conduire à préconiser de remédier à la souffrance des animaux sauvages en les faisant disparaître. "Aider" ces animaux signifie "faire qu'ils cessent d'exister". Ceci peut être réalisé par deux voies principales : leur élimination pure et simple (les tuer ou les empêcher de naître), leur transformation en des êtres foncièrement différents par l'ingénierie humaine. À cela s'ajoute une méthode complémentaire [...] les transférer dans des zoos confortables[1] ». Brian Tomasik ne cache pas la dissimulation nécessaire des enjeux de la « pensée végane » : « Il est peut-être dangereux d'évoquer la cause des animaux sauvages avant que le grand public ne soit prêt à l'entendre [...] Il est possible [...] qu'on finisse par détourner complètement des personnes de la cause des animaux, alors que ces personnes auraient pu sinon réfléchir aux animaux qu'elles affectent par leurs choix alimentaires[2]. » Le mensonge en direction du grand public a donc du bon et la vérité doit être réservée à une petite élite !

Estiva Reus reconnaît qu'une certaine duplicité, coutumière aux milieux végans, est nécessaire dans la présentation aux non-initiés, pour ne pas les effaroucher d'entrée[3]. Elle note qu'« une forme plus élaborée de conseils en duplicité à l'attention des militants RWAS peut être trouvée chez Rowe (2018), avec des préconisations telles que celles-ci : quand vous vous adressez au grand public, évitez de parler d'élimination de masse des prédateurs ; évitez de plaider pour la déforestation ; évitez de parler de programmes consistant à tuer des animaux ; évitez l'expression "intervention dans la nature" qui peut heurter par son aspect intrusif, au

1. Estiva Reus, « Éliminer les animaux pour leur bien », *Les Cahiers antispécistes*, n° 41, mai 2018, pp. 82-83.
2. Brian Tomasik, « L'importance de la souffrance des animaux sauvages », *Les Cahiers antispécistes*, n° 40, avril 2018.
3. www.cahiers-antispecistes.org/conclusion-avancer-dans-le-brouillard/

besoin empruntez des tournures aux environnementalistes, parlez du mouvement RWAS comme d'une partie de la nature ou d'un participant à celle-ci ; etc.[1] ».

La nature, une source éternelle de souffrance

Jacy Reese, cofondateur et directeur de recherche au Sentience Institute, précise que toute la nature est une source de souffrance pour les animaux : les mouettes picorent les yeux des bébés phoques afin de les rendre aveugles, puis les dévorent une fois morts, les musaraignes paralysent leurs proies afin de pouvoir les manger vivantes, petit à petit, en plusieurs fois. Je confirme : l'animal le plus violent n'est pas l'humain mais le suricate, avec un taux de perte de 20 % dû aux violences comme les infanticides des mères sur les petits, suivi de près par les mangoustes, les lémuriens, les lions de mer, etc. 40 % des mammifères se tuent entre eux, même des herbivores comme les gazelles. Le monde sauvage est en effet celui de la prédation, des infanticides, du cannibalisme, du viol, des pélicans avalant des oisillons, des piverts fracassant la tête d'une tourterelle vivante pour lui manger le cerveau, des chimpanzés se dévorant, les canards se violant, des otaries violant puis dévorant des manchots.

Jacy Reese envisage plusieurs solutions pour réduire cette souffrance des animaux sauvages : l'élimination des maladies grâce à des vaccinations multiples, la réduction de la taille de certaines populations au moyen de contraceptifs, etc. Il en conclut : « Avec le progrès technique, notre capacité à venir en aide aux animaux sauvages en toute sécurité ira en augmentant[2]. » Il se

---

1. *Ibid.*
2. Jacy Reese, « Maladies, blessures, faim… Les animaux sauvages souffrent. Nous devrions les aider », *Les Cahiers antispécistes*, n° 40, avril 2018, texte paru précédemment en anglais le 14 décembre 2015 sur le site Vox.

dit conscient que son discours est anti-écolo mais clame qu'il faut cesser de considérer la biodiversité, les espèces ou les écosystèmes pour pouvoir mieux nous intéresser aux individus animaux.

Martin Balluch[1], docteur en physique, ex-enseignant-chercheur devenu activiste animaliste à temps plein, publie en 2017 une réponse au courant RWAS, sous le titre « La plupart des animaux sauvages sont heureux la plupart du temps[2] ». Il soutient l'idée que si la vie des animaux était un enfer, ils n'auraient pas réussi à se reproduire car le bonheur est nécessaire pour cela. Balluch oppose aux RWAS qu'eux aussi tuent des animaux bien qu'étant végans : « Michael Archer, le professeur universitaire d'écologie australien, estime que pour produire 100 kilos de protéines de blé, on tue 55 souris. Et pour que vous puissiez vivre dans une ville, d'innombrables rongeurs (souris et rats) seront tués dans le cadre de la lutte contre les nuisibles. Pour produire de l'électricité, une foule d'animaux sont tués en permanence. Regardez l'énergie éolienne. Chaque unité de production tue des milliers d'oiseaux chaque année, 32 oiseaux par éolienne et par jour [...] Chaque fois que vous consommez quelque chose, une taxe de mort est prélevée. Rien de semblable ne peut être imputé aux animaux sauvages [...] Avant d'aller tourmenter les animaux prédateurs, commencez par balayer devant votre porte[3]. »

Estiva Reus, bien que refusant de départager les camps, dit comprendre l'inquiétude de Balluch face à « l'adhésion béate des RWAS au projet d'une humanité (ou de quelques experts parmi elle) exerçant un pouvoir totalitaire sur le reste du vivant, et s'estimant

1. Martin Balluch a cofondé en 1990 l'Austrian Vegan Society en 1999. Peter Singer le considère comme « l'un des principaux porte-parole du mouvement mondial des droits des animaux pour avoir poursuivi la voie non-violente et démocratique de la réforme ».
2. Texte publié sur son blog le 17 septembre 2017 sous le titre « Most wild animals are happy most of the time ».
3. www.cahiers-antispecistes.org/chapitre-6-martin-balluch-contre-les-rwas/

à la fois compétente et légitime pour le faire[1] ». Elle qualifie la sensibilité des RWAS de plutôt urbaine, technophile, emplie de gratitude pour les bienfaits du confort moderne, persuadée que les humains vont vers le progrès, bref ils seraient attachés au *welfare state*. Elle précise qu'ils ont, en revanche, raison de dénoncer la vision idyllique de la nature qui serait celle des anti-RWAS.

Ces débats ne sont pas d'aujourd'hui puisque Léon Marinont proposait, dès 1929, de ne conserver que les animaux végétariens ou pouvant le devenir, de limiter la reproduction des animaux domestiques par la séparation des sexes, de détruire par les moyens les plus rapides les animaux féroces carnassiers, de substituer aux produits animaux le caoutchouc et les produits industriels[2]...

Nous allons découvrir, grâce à Estiva Reus, de nouvelles grandes figures de l'antispécisme[3]. Il s'agit de professeurs de philosophie, publiant des livres, fréquentant des colloques, étant beaucoup plus en phase avec le système que l'omnivore ordinaire. Ils se disent adeptes des trois plus : il y a plus de souffrance que de bonheur dans la nature, les animaux sauvages souffrent plus que les animaux d'élevage, ils sont beaucoup plus nombreux... Ces végans ultra-conséquents avancent trois stratégies. La première, de nature génétique, consiste à rendre les animaux moins sensibles à la douleur ou les carnassiers inadaptés à la viande. Mais Brian Tomasik ne croit pas que les humains puissent intervenir suffisamment pour améliorer de façon significative la vie des animaux sauvages, il envisage d'éliminer la vie animale sauvage, fort du principe selon lequel un animal mort ou non né ne souffre pas. Il préconise de réduire l'habitat des animaux sauvages, de limiter la

1. Estiva Reus, *op. cit., Les Cahiers antispécistes*, n° 41, mai 2018, p. 73.
2. *La Libre Pensée intégrale*, n° 41.
3. J'ai choisi de ne pas citer d'auteurs considérés comme « marginaux » mais de reprendre simplement ceux étudiés par Estiva Reus (dans les deux numéros du premier semestre 2018 des *Cahiers antispécistes*). Il s'agit donc d'auteurs reconnus au sein des végans.

végétation, d'éliminer les espaces naturels. Magnus Vinding estime également que l'atrocité de la vie sauvage justifie une intervention antinataliste radicale en stérilisant massivement les espèces[1]. Asher Soryl, jugeant que « l'extinctionnisme offre la meilleure solution théorique au problème de la souffrance animale[2] », suggère de faire le maximum pour réduire le nombre de vies animales sauvages, en évitant d'acheter des produits bio (car l'agriculture productiviste est plus efficace pour réduire les animaux), en ne combattant pas le réchauffement climatique, car il contribuerait à réduire l'habitabilité de la planète pour les animaux. Thomas Sittler-Adamczewski demande aux végétariens de redevenir des omnivores et aux antispécistes de s'engager aux côtés des bétonneurs pour créer de grandes aires de stationnement et de soutenir les lobbies pro-déforestation[3]. Ces antispécistes considèrent qu'il faut s'opposer à tout projet de réensauvagement conduisant à rendre à la vie sauvage des espaces urbanisés. Brian Tomasik estime que mieux vaudrait encourager la pêche intensive et la destruction des habitats marins, la seule limite qu'il envisage à la disparition des poissons sauvages serait le développement de la pisciculture… Ces végans RWAS se félicitent du déclin de l'IPV marin qui montre que les populations d'animaux aquatiques ont baissé de 44 % entre 1970 et 2012, car moins subsistera de poissons moins existera de souffrance. L'objectif de ces antispécistes est bien de vider les océans de leurs habitants… C.Q.F.D.

« Brian Tomasik estime que mieux vaudrait encourager la pêche intensive et la destruction des habitats marins. »

1. Magnus Vinding, *The Speciesism of Leaving Nature Alone*, 2016, Smashwords.
2. www.cahiers-antispecistes.org/wp-content/uploads/2018/04/5_Chap5-CA41_def.pdf
3. Thomas Sittler-Adamczewski, « Consistent vegetarianism and the suffering of wild animals », *Journal of Practical Ethics*, 2016, vol. 4, n° 2.

Ces antispécistes ultra-conséquents expliquent que l'humanité ne doit pas se contenter de faire disparaître les prédateurs terrestres et aquatiques, mais supprimer toutes les espèces se reproduisant selon la stratégie « r » (forte natalité et mortalité) en les reprogrammant en stratégie « k » (faible natalité et mortalité). Ils ajoutent que l'humanité ne sera pas encore au bout de sa mission, car il lui faudra intervenir face à tous les dangers menaçant les animaux, comme les incendies, les inondations, les périodes de froid ou de chaleur intenses, les accidents, les maladies, les pénuries de végétation, les violences liées à la sexualité ou à des conflits territoriaux entre animaux[1]... Des escadrons de secouristes, policiers et vétérinaires n'y suffisant pas, la seule solution serait de doter les animaux d'une intelligence similaire à la nôtre. Ces stratégies de forçage génétique font l'objet d'appréciations divergentes. Brian Tomasik est sceptique, non pas que l'idée de modification génétique l'effraie, mais parce que cette stratégie ne pouvant être appliquée sur toutes les espèces à la fois, celles traitées risqueraient de devenir moins compétitives. Estiva Reus est bien obligée d'admettre que les RWAS ont produit de quoi décourager l'investissement dans la revendication centrale du mouvement de libération animale : l'abolition des usages alimentaires des animaux.

1. http://bit.ly/MalNature

CHAPITRE 4

VERS UNE ALLIANCE DES VÉGANS ET DES TRANSHUMANISTES

Souhaitant sans doute (se) rassurer, Estiva Reus explique que les RWAS prônent aussi de « réformer la nature ». Nous nous hissons avec cette suggestion au sommet de l'anthropocentrisme puisque ce sera aux humains, ou plus exactement à une élite, de conduire ce projet avec les transhumanistes.

La figure centrale de David Pearce

La jonction entre les deux mouvances s'est faite, dès 1995, grâce à David Pearce, philosophe utilitariste et transhumaniste britannique, cofondateur, en 1998, de la World Transhumanist Association, appelée aussi Humanity+, et, en 2002, de la Abolitionist Society : « La nature telle qu'on la connaît aujourd'hui serait remplacée par des espèces et des environnements qui auraient été délibérément pensés et construits afin d'assurer la félicité des êtres sentients... » Ce point de vue est devenu celui de l'association transhumaniste mondiale lors de la rédaction de sa charte s'engageant à améliorer le bien-être de tous les êtres sentients, qu'il s'agisse d'humains, d'animaux non humains, de futurs intellects artificiels, de formes de vie modifiées : « Les transhumanistes croient que seuls les humains ont la capacité de s'auto-transformer. Telle est notre mission en ce monde. Cette mission, les animaux ne peuvent pas l'accomplir parce que même les plus intelligents sont enlisés dans le monde naturel, enfermés à jamais dans les corps et les esprits spécifiques que leur a donnés la nature... Tout comme les animaux non humains ; nous sommes encore les "esclaves de nos gènes" et sommes soumis à "la tyrannie de la vieillesse et de la mort", mais au moins avons-nous de bonnes chances de nous libérer de tout cela... »

Demandez le programme végan !

Max More, philosophe et futurologue britannique, définit le programme : « Nous allons prendre en main notre programmation génétique et parvenir à la maîtrise de nos processus biologiques et neurobiologiques. Nous allons corriger tous les défauts des individus et des espèces résultant de l'évolution par sélection naturelle[1]. » Michael Hauskeller, autre professeur de philosophie, s'inquiète des conséquences de cette thèse envers les animaux : « Ce que nous laisserons derrière nous en coupant tous les liens avec Mère Nature, c'est précisément ce que nous avons de commun avec les animaux non humains, ce qui n'est pas spécifiquement humain en nous [...] Puisque le transhumanisme adhère à l'idée que la considération morale est due à tous les êtres sentients, et qu'on doit leur apporter aide et soutien si nécessaire, alors, en tant que transhumanistes, nous avons le devoir de sauter le pas, et de ne pas seulement nous corriger nous-mêmes mais de

1. Max More, « A letter to mother nature », *The Transhumanist Reader*, Wiley-Blackwell, 2013, p. 450.

corriger tous les autres animaux[1]. » Cette thèse est partagée par le bioéthicien américain James Hughes qui précise : « Je pense que nous avons tout autant l'obligation de rehausser les citoyens animaux "handicapés" que nous avons l'obligation de rehausser les citoyens humains handicapés[2]. » Hauskeller réplique que dans cette conception « veiller au bien-être d'un animal, c'est l'aider à devenir quelque chose d'autre qui n'est plus un animal. Ce qui est bon pour un animal (qu'il soit humain ou non humain) est de disparaître en tant qu'animal. C'est finalement ce que suggèrent toutes les propositions d'amélioration des animaux. Améliorer l'animal consiste à l'éliminer ; le seul bon animal est un ex-animal [...] Ce qui est commun à toutes les propositions d'"augmenter" les animaux (ou de les diminuer) est la détermination à ne pas les laisser être tels que la nature les a faits. D'une manière ou d'une autre, l'animal non augmenté, c'est-à-dire l'animal en tant qu'animal, est toujours une nuisance[3] ». Hauskeller reconnaît, d'ailleurs, que selon Pearce les chats et autres carnivores sont l'équivalent animal des psychopathes, ils sont des « machines préprogrammées pour tuer », dont il s'agit de se débarrasser, « dont nous ne devrions pas permettre que l'existence perdure » *(sic)*. Pearce ajoute que tout désir de préserver ces animaux n'est rien d'autre que du sentimentalisme malavisé : « À l'avenir, les formes de vie qui existeront sur cette planète n'y seront que parce que nous l'aurons permis, ou parce que nous aurons choisi

"Michael Hauskeller : 'Ce qui est bon pour un animal (qu'il soit humain ou non humain) est de disparaître en tant qu'animal.'"

1. Michael Hauskeller, « Le transhumanisme et les animaux. Comment devenir un post-chien », *Les Cahiers antispécistes*, n° 40, 2018, pp. 47-55.
2. James Hughes, *Citizen Cyborg*, Cambridge, MA, Westview Press, 2004, p. 224.
3. Michael Hauskeller, *op. cit.*, p. 49.

de les créer[1]. » Michael Hauskeller est bien obligé de reconnaître que ce « paternalisme technovisionnaire » est partagé par de nombreux transhumanistes végans, comme George Dvorsky, lequel milite pour doter les animaux non humains de « la plus grande intelligence » afin de les intégrer à la société posthumaine. Michael Hauskeller est bien obligé de reconnaître que tous ces projets sont anthropocentriques, puisque parler d'élévation des animaux est une façon de constater et de légitimer une hiérarchie entre les espèces. L'humanité toute-puissante accomplirait ainsi la prophétie biblique : « Le loup et l'agneau paîtront ensemble, le lion comme le bœuf mangera de la paille, et le serpent aura la poussière pour nourriture » (Isaïe, 65 : 25). Que pèseront les craintes d'Hauskeller puisque les végans de base sont déjà des adeptes forcenés des chiens et chats végans ? Comment ne pas se demander si les courants transhumanistes et les firmes économiques qu'ils servent n'ont pas choisi la cause animale et le véganisme comme cheval de Troie ?

---

1. David Pearce, *The Hedonistic Imperative*, 1995 – www.hedweb.com

CINQUIÈME PARTIE

LES ÉCO-GUERRIERS DE LA LIBÉRATION ANIMALE

CHAPITRE 1

LE RETOUR À LA GNOSE

Le véganisme est décidément une idéologie qui perd beaucoup à être connue. L'idée semble belle et généreuse, mais se révèle à l'examen diablement sinistre et dangereuse. *Amis végans*, si vous ne voulez pas risquer de changer de chapelle, je vous conseille d'en rester à un principe simple, les viandistes sont des méchants qui font du mal aux animaux !

Une nouvelle religiosité

Le véganisme apparaît comme une nouvelle religiosité qui se développe dans un contexte de régression des grandes religions (surnaturelles ou athées) car la nature a horreur du vide. L'association antisectes UNADFI qualifie d'ailleurs le véganisme d'entrée en religion[1]. Le véganisme a ses Tables de la loi, ses grands prêtres, ses ouailles, ses talibans, ses nouveaux convertis, ses excommuniés, ses objets de culte, ses rituels, son calendrier avec sa révélation du 12 décembre 1948 (12/12 comme la vitamine B12)[2], sa police des mœurs (que fustigent de nombreux végans), ses querelles de

1. http://bit.ly/veganReligion
2. http://bit.ly/veganismeVSantispecisme

chapelle, son paradis et son enfer, ses actions de grâce, ses petits malins et ses marchands du temple...

Le végan a la conviction d'appartenir à une petite minorité éclairée, une avant-garde dont la mission est de conduire le peuple des mangeurs de viande au nirvana des légumistes... L'histoire ne les a visiblement pas vaccinés contre les prétentions à faire le bonheur des gens sans eux et contre eux. Cette religiosité végane aboutit très vite à des logiques sectaires, car les libérateurs animaux se sont donné une mission bien trop grande pour eux... supprimer toute souffrance au sein du monde sentient, reformater la planète, etc. Ce trop grand écart entre le réel et ce qui est possible est nécessairement pathogène. La première façon de gérer ce sentiment d'impuissance est d'accuser les autres d'en être responsables, d'où la violence verbale, mais également physique, de nombreux antispécistes ! La logique végane est celle du soupçon, de l'accusation, de l'anathème, de la persécution. J'exagère ? Allez demander aux éleveurs insultés sur les marchés, aux bouchers menacés, aux mangeurs de viandes, de fromages et aux buveurs de laits voués aux gémonies, allez demander aux personnes vilipendées parce qu'elles portent des pulls en laine, des chaussures en cuir ! Les végans ont leurs professeurs Nimbus, mais ils ont surtout leurs sectaires atrabilaires. Ils me font penser à Didi, ce personnage dans *Le Lotus bleu*, qui veut bien montrer la voie à Tintin, à Milou et à ses parents, mais qui doit d'abord, pour cela, leur couper la tête avec un sabre. Peter Singer le reconnaît à demi-mot : « Je pense que le végétarisme fait fausse route dans la mesure où il attache trop d'importance à la pureté personnelle[1]. »

1. *Critique*, n° 747-748, août-septembre 2009.

De quoi le prophète Aymeric Caron est-il le nom ?

Une société en panne de religiosité et d'utopies prometteuses de lendemains qui chantent ne peut qu'accoucher de tels projets, mais l'enfer est toujours pavé des meilleures intentions ! L'histoire, y compris des idées, ne fait du neuf qu'avec du vieux, grâce à un bricolage constant. Le véganisme m'apparaît comme une expression de la vieille gnose. La gnose est un concept philosophico-religieux, indiquant la possibilité d'une connaissance directe de Dieu, entendez de la perfection absolue, d'un être sans contradiction. La gnose est un cri de protestation contre l'illusion d'une bonté de l'existence, de la nature, de la matière. Elle est habitée par un pessimisme profond aux antipodes de l'amour véritable de la vie. Elle marquera l'histoire à la fin de l'Antiquité par le refus de la viande, de la sexualité, des plaisirs.

Le véganisme refuse que la vie naisse de la mort, que la souffrance fasse partie de la vie. Oscar Horta, professeur de philosophie à l'université Saint-Jacques de Compostelle, exprime cette vision, sur son versant scientifique, dans une étude financée par l'État espagnol : « Le problème de la disvaleur dans la nature, et de sa prédominance sur la valeur, est un des aspects les plus significatifs du problème classique du mal [...] La souffrance prédomine dans l'écrasante majorité des vies animales, c'est-à-dire pour la plupart des êtres qui viennent au monde [...] Nous devons garder en tête que la souffrance et la mort que nous trouvons dans la nature sont intrinsèques au fonctionnement des écosystèmes [...] Il est faux de dire que les animaux profitent du fonctionnement des écosystèmes[1]. »

Aymeric Caron, adepte d'un véganisme métaphysique, campe sur le versant mystique, avec sa théorie du hasard de l'incarnation selon

---

1. Oscar Horta, « Le mal dans la nature », *Les Cahiers antispécistes*, n° 40, avril 2018.

laquelle nous sommes nés humains par le plus grand des hasards, ce qui implique que « nous aurions pu être la conscience de toute autre forme de vie dotée d'une intelligence [...] Cette fourmi que j'allais écraser [...] cela aurait pu être moi[1] ». L'aigle Caron poursuit en notant que « contrairement à Pythagore, je ne refuse pas de maltraiter ou de manger un animal car je pourrais manger un de mes anciens amis. Je refuse de maltraiter cet animal car je pourrais être lui[2] ».

Le véganisme m'apparaît donc comme une idéologie dualiste croyant en l'existence d'un (dieu du) Bien et d'un (dieu du) Mal, vision binaire du monde, pensée simpliste, pour ne pas dire simplette, dont certains végans en vogue forment un bon symptôme.

Le véganisme, comme toute religiosité, possède ses mystères. Le grand mystère de l'antianthropocentrisme végan est de déboucher sur l'hyper-anthropocentrisme transhumaniste. Le véganisme ultra-conséquent est bien un anthropocentrisme au carré.

« Le grand mystère de l'antianthropocentrisme végan est de déboucher sur l'hyper-anthropocentrisme transhumaniste. »

J'ai consacré beaucoup de travaux, dont ma thèse de doctorat en 1987, à l'analyse des rituels d'intégration au sein des mouvements sociaux. Je dois avouer que ma découverte des nouveaux rituels qui se développent au sein des mouvements végans m'inquiète particulièrement par leur violence... symbolique et physique qui consiste à se faire marquer au fer rouge[3]. Nous sommes bien *a minima* dans un registre religieux au mauvais sens du terme !

---

1. http://bit.ly/Antispeciste
2. *Ibid.*
3. www.youtube.com/watch?v=hzMiLw6lJ0k ; dans cette vidéo un activiste justifie s'être fait marquer au fer rouge par « humanisme » alors que son mouvement condamne sur le même site fermement l'humanisme. Nous sommes bien face à une pensée zéro.

269 Life et 269 Libération animale

L'association 269 Life a été fondée en Israël par Sasha Boojor et Maria Hope. Le 2 octobre 2012, trois activistes se font marquer au fer rouge le chiffre 269, geste de mutilation, en solidarité avec un veau portant ce numéro d'identification. Ce geste sera le point de départ d'un mouvement international de marquage : « Il est question de déjouer l'humaniste suprémaciste et de déconstruire l'image narcissique que l'humain a construite de lui-même » ; « Nous ne croyons pas au changement par les individu.e.s devenant véganes et comprenant les raisons de respecter des lois antispécistes-animalistes, jusqu'à ce qu'ils deviennent une majorité » ; « Nous devons nous focaliser sur le milieu techno-symbolique qui encadre l'exploitation animale » afin d'en finir avec « la structure tripolaire de l'humanité omnivore-spéciste-meurtrière »[1].

Ce mouvement a deux antennes en France : 269 Life France, surtout implantée dans la région parisienne, et 269 Libération animale, fondée sur Lyon. 269 Life France se fait connaître également par l'organisation des « journées du sang versé », avec du liquide rouge répandu devant des boucheries.

J'invite le lecteur à regarder sur YouTube la conférence, plus qu'édifiante, malgré la prudence de mise pour ne pas être accusée de prôner des actions illégales, sur la légitimité de la violence dans le combat antispéciste[2], conférence tenue par une autre ex-Lyonnaise, Tiphaine Lagarde, coprésidente de 269 Libération animale : « La non-violence est-elle en soi une posture de privilégiés humains ? [...] la non-violence est-elle spéciste ? Il y aurait beaucoup à dire sur ce culte du pacifisme que l'intégralité du mouvement antispéciste prône comme un dogme stratégique et

1. Toutes ces citations sont tirées du site du mouvement.
2. www.youtube.com/watch?v=v0x9pA2T-KE

moral[1]. » La même activiste annonçait, le jour de la commémoration de l'abolition de l'esclavage des Noirs, une action contre l'esclavage des animaux, ce qui créa une vive polémique, car ses propos furent ressentis comme une insulte à la mémoire des esclaves : l'association sera contrainte d'annuler son action sous la pression du Conseil représentatif des associations noires, car il n'était pas pensable qu'un groupe de Blancs s'approprie un événement d'un mouvement d'émancipation noire pour le façonner à sa convenance[2].

1. http://bit.ly/DesobeissonsLoi
2. http://bit.ly/antispécismeVSantiracisme

CHAPITRE 2

QUAND LES VÉGANS JUSTIFIENT LA VIOLENCE

J'avais consacré, en 2000, un ouvrage pour décrire le fonctionnement des réseaux crypto-terroristes, pour expliquer leurs méthodes pour couler des navires de pêche, vitrioler des produits en peau ou en cuir, empoisonner des aliments pour faire reculer des firmes, réaliser des attentats multiples, etc. J'exposais le système de fonctionnement de l'ALF (Front de libération animale), je recensais ses méthodes d'action directe, la préparation paramilitaire de ses activistes, ses méthodes pour échapper aux investigations policières. J'ai pu authentifier, depuis 2000, plusieurs milliers d'autres attentats dans le monde. Certains de ces attentats sont filmés et photographiés pour assurer le recrutement de nouveaux activistes *via* leur site www.directaction.info. Je rends grâce à Peter Singer, Tom Regan et Gary Francione d'avoir dénoncé vertement la violence de leurs disciples. Regan rétorque à ceux qui considèrent que tant qu'il n'y a ni blessé ni mort, il n'y aurait pas de violence, qu'incendier une boucherie, un laboratoire, etc. est, comme incendier une synagogue, un acte violent. Il cite Gandhi qui disait que : « Le sabotage pour des motifs politiques, sans blesser quiconque, est une forme de violence. » Il ajoute que Martin Luther King ne pensait pas autre chose. Singer considère que l'ALF a fait beaucoup de tort au mouvement de libération animale et délégitimise les actions violentes. Francione écrit que « les personnes pro-violence sont similaires à ceux qui font la promotion du sexisme[1] ». Ces mises en garde qui proviennent du plus haut sommet de la « pensée végane » ne semblent pas suivies d'effets !

L'ALF dépassé par (encore) plus violent

L'ALF qui, malgré ses dizaines de milliers d'attentats, proclame toujours qu'une action ne peut être revendiquée en son nom que si elle ne fait pas de victime, est dépassé par d'autres réseaux revendiquant l'usage de la violence. Je pourrais citer l'ARM (Animal Recovery Mission), adepte de l'envoi de colis piégés, de la contamination d'aliments, d'incendies criminels, de menaces de mort, de profanations de tombes, mais aussi l'ARM (Animal Rights Militia), les Revolutionary Cells-Animal Liberation Brigade (RC-ALB), Justice Department Animal Rights, etc. Un exemple : Jerry Vlasak, ancien chirurgien, ancien attaché de presse de l'ALF, ancien directeur de la Ligue de défense des animaux de Los Angeles et conseiller de Speak, La voix des animaux, campagne pour les droits des animaux fondée en 2003, prône la violence contre les chercheurs et est interdit de séjour en Angleterre : « Je pense que la violence fait partie de la lutte contre l'oppression. Si quelque chose de mauvais arrive à des gens (chercheurs sur les animaux), cela découragera les autres. Il est inévitable que la violence soit utilisée dans la lutte et qu'elle soit efficace […] Je ne pense pas que vous aurez à tuer trop de chercheurs. Je pense que pour cinq vies, dix vies, quinze vies humaines, nous pouvons sauver un million, deux millions, dix millions de vies non humaines[2]. »

---

1. www.abolitionistapproach.com/on-violence/
2. *The Guardian*, 25 juillet 2004.

J'annonçais, en 1999, lors d'une émission de télévision, organisée par la RTBF, où j'étais opposé à John Curtin, représentant de l'ALF, venu spécialement de Grande-Bretagne, avec la garantie de ne pas être arrêté puisqu'il était recherché par la police (il a depuis annoncé avoir renoncé aux actions illégales), que la France allait bientôt connaître aussi sa vague d'actions violentes animalistes. Les faits malheureusement ne m'ont pas démenti, y compris encore en 2018. Existe incontestablement au sein des milieux antispécistes une tolérance à la violence, dont les propos ignobles d'une activiste ne sont qu'un symptôme. Cette végane s'était réjouie du meurtre du boucher du Super U de Trèbes lors de l'attaque par un autre activiste, mais cette fois, djihadiste. « Ben quoi, ça vous choque un assassin qui se fait tuer par un terroriste ? Pas moi, j'ai zéro compassion pour lui, il y a quand même une justice[1] ! » L'attaque armée contre le siège de YouTube en avril 2018 fut menée par une militante végane.

“Cette végane s'était réjouie du meurtre du boucher du Super U de Trèbes lors de l'attaque par un autre activiste, mais cette fois, djihadiste.”

La publication de mon livre *Libération animale ou nouveaux terroristes ?, Les saboteurs de l'humanisme*[2] me vaudra quelques menaces, ainsi qu'à mon éditeur, mais rien de bien grave comparé à ce qui arriva à un journaliste britannique, enlevé par un commando, enfermé dans le coffre d'une voiture, conduit dans une cave et marqué au fer rouge (ALF), pour avoir tenu des propos contre les « libérateurs » animaux[3].

1. http://bit.ly/boucherSuperU
2. Éditions Golias, 2000.
3. http://bit.ly/ecoterroristes

Vous connaissez la maxime de Feuerbach : « L'homme est ce qu'il mange. » S'il mange des aliments issus de la mise à mort des animaux, il deviendrait violent. Cette thèse a connu son heure de gloire dans l'*Encyclopédie* de Diderot. Les faits sont cependant plus têtus que nos estomacs. Le végétarisme n'a jamais adouci les mœurs. L'antispécisme reste travaillé par la question de la violence.

La complaisance envers la violence

Les Cahiers antispécistes n°s 30-31 reproduisent avec complaisance la déclaration de Martin Balluch à sa sortie de 104 jours de prison en Australie. Les mêmes *Cahiers antispécistes* n° 39 choisissent de publier un texte de Steven Best, maître de conférences en philosophie à l'université du Texas qui défend l'usage de la violence sous le titre fort explicite « Paralysie du pacifisme, une défense de l'action directe militante et de la "violence" » : « Prétendre que l'action directe militante est contre-productive est absurde [...] Ma position apporte la contradiction au pacifisme fondamentaliste[1]. » *Les Cahiers antispécistes* donnent également la parole à David Chauvet[2], alors doctorant en droit, qui sous le titre « À qui profite le crime ? » s'interroge sur la qualification terroriste de l'ALF et ses implications juridiques et politiques : « Il n'est probablement pas inutile de constater ici que les articles dénonçant la "menace terroriste" de l'ALF sont aussi ceux qui s'opposent vigoureusement, sur le fond, au mouvement des droits des animaux [...] On trouve ce lien entre une méthode, celle de l'ALF, et la doctrine antispéciste également chez le politologue Paul Ariès : "La violence des moyens mis en œuvre n'est que le fait d'une idéologie perverse. La régression organisée par ce dogme ne peut, en effet, déboucher que sur la terreur [...] Il ne suffit

1. www.cahiers-antispecistes.org/paralysie-du-pacifisme/
2. *Les Cahiers antispécistes*, n° 39.

pas de condamner les effets (la violence) sans condamner ce qui la motive [...] leur plus grand danger n'est pas leurs actes mais leur pensée terroriste[1]." »

Je continue à soutenir que le principal danger n'est pas leurs actes criminels, mais leur pensée terroriste, une pensée qui sape les fondements de l'humanisme, une pensée conduisant à se prendre pour des dieux tout-puissants. Je crois qu'il faut une part de folie pour envisager sereinement de supprimer tous les êtres sentients pour qu'ils ne souffrent plus.

1. http://bit.ly/OuDefendreAnimaux

CHAPITRE 3

LES RÉSEAUX VÉGANS SUICIDAIRES

J'avais eu l'occasion, dès 2002, de croiser plusieurs mouvements prônant ouvertement le suicide de masse, l'Église d'Euthanasia et le VHEMT, Mouvement pour l'extinction volontaire de l'humanité[1].

Ami végan, un petit florilège de citations te permettra de mieux connaître certains de tes cousins germains : « Économisez la planète, suicidez-vous ! » (Église d'Euthanasia) ; « Nous ferons un bon accueil à l'invasion de nouveaux virus antihumains » (Front de Libération de Gaïa) ; « La tragédie, la catastrophe vraie est que l'humanité continue » (Église d'Euthanasia) ; « Le Mouvement pour l'extinction volontaire de l'humanité est une alternative humaniste aux désastres humains » (VHEMT)...

Avant tout, la haine des pauvres et des immigrés

Ces mouvements, tous d'origine nord-américaine, ont pignon sur rue, diffusent de la propagande en faveur du suicide et expliquent

1. Paul Ariès, *Pour sauver la Terre : l'espèce humaine doit-elle disparaître ?*, L'Harmattan, 2002.

« Ces mouvements diffusent de la propagande en faveur du suicide et expliquent qu'eux-mêmes se sacrifient en ne se suicidant pas, car ils peuvent ainsi en propager l'idée. »

qu'eux-mêmes se sacrifient en ne se suicidant pas, car ils peuvent ainsi en propager l'idée... Ces groupes ne visent pas seulement la réduction ou l'extermination de l'espèce humaine, mais ils combattent en attendant, au nom d'un malthusianisme exacerbé, toute politique d'aide sociale, tout accueil des immigrés... Le fameux *Manifeste d'Unabomber* constitue pour beaucoup une véritable bible... Ce texte d'origine américaine fut popularisé après une série d'attentats, ayant causé la mort de trois personnes et blessé vingt-trois autres. Théodore Kaczynski, alias Unabomber, a été condamné en 1997 à la prison à vie. Son arrestation, en 1996, après dix-huit ans d'activité terroriste, intervint après la plus longue chasse à l'homme de toute l'histoire des États-Unis. L'homme est, en effet, très intelligent, diplômé d'Harvard, ancien professeur de mathématiques à l'université, prix 1967 de la meilleure thèse de doctorat, etc. Son manifeste, qui se veut l'expression de l'écologie profonde, est une machine de guerre contre l'humanisme et les idéaux progressistes. Il admet volontiers que son programme empêcherait de nourrir la population, mais ce génocide devrait être accepté avec stoïcisme. Les requêtes à son nom sur Internet donnent plusieurs millions d'occurrences, ses thèses contaminent de nombreux végans ultras[1].

1. J'ai retracé la vie et l'œuvre de Théodore Kaczynski dans *Pour sauver la Terre...*, *op. cit.*

Le réseau OOS

Ces idées, ou d'autres semblables, prolifèrent, aujourd'hui, dans les réseaux. Ces végans ultra-conséquents admettent non seulement que la souffrance dans la nature est abominable, que l'agriculture végétarienne est meurtrière, puisqu'il faut, pour produire 1 kilo de blé, tuer au moins 25 fois plus d'animaux doués de sensibilité que pour produire 1 kilo de viande de bœuf, sans parler des autres dommages environnementaux auxquels ils restent peu sensibles. Le défrichage, indispensable à l'agriculture, cause la mort de millions d'animaux, le labourage constitue un autre holocauste de petits mammifères, de serpents, de lézards. Quant à la suppression des millions de souris dans les silos à grains ou lors des périodes d'invasion (au moins 100 souris tuées par hectare et par an), quant aux milliards d'insectes et d'araignées massacrés pour la production de céréales, il s'agirait bien également d'un éternel Treblinka[1]... Je n'utilise ces formules, typiquement antispécistes, que comme provocation à penser, car je les réprouve totalement concernant l'agriculture comme l'élevage. L'agriculture n'est pas moins violente, moins meurtrière, moins exploiteuse ! C'est pourquoi les antispécistes végans, signataires du manifeste OOS (The Only One Solution, pour la fin de toutes les souffrances), ne voient pas d'autres solutions à la souffrance du monde que de détruire toute vie sentiente, car il ne suffirait pas que l'humanité disparaisse pour que la souffrance cesse[2]. Ce réseau a créé ses propres cellules EAS (End All Suffering). Ce manifeste a suffisamment d'écho, au sein du mouvement antispéciste, pour que *Les Cahiers antispécistes* lui consacrent un dossier sous la plume de Reus. Laquelle, tout en se démarquant naturellement de ces thèses, considère que ce manifeste est un point d'appui stimulant pour la réflexion, bien

1. Charles Patterson, *Un éternel Treblinka*, Calmann-Lévy, 2007.
2. www.onlyonesolution.org/

que ni le suicide, ni le meurtre artisanal, ni le lâcher de bombes, ni même l'éradication d'espèces entières ne constituent des contributions au but final, puisqu'ils ne feraient que participer à la somme des souffrances terrestres... Lecteur, ne te rassure pas trop vite, car la rédactrice des *Cahiers antispécistes* annonce que si cette solution finale est inaccessible, d'autres utopies pratiques existent... Après avoir balayé la perspective religieuse d'un paradis terrestre sur les pas d'Isaïe, elle annonce (sonnez trompettes) la possibilité d'une ingénierie du paradis dont le grand inspirateur serait David Pearce, le gourou du transhumanisme ! Il sera bientôt possible de modifier les écosystèmes et la constitution des êtres sentients. Il sera bientôt possible de transformer la planète en une sorte de paradis terrestre grâce à l'utilisation de la révolution NBIC. Lisez plutôt : « Jusqu'à présent les êtres sentients ont été soumis au jeu cruel de l'évolution darwinienne, dont les gagnants sont sélectionnés par leur capacité reproductive supérieure, laquelle est fréquemment corrélée à des comportements égoïstes ou violents, ainsi qu'à une sensibilité à la douleur, à la peur, et autres émotions pénibles, dans la mesure où elles favorisent la survie. Mais les avancées du génie génétique, des neurosciences, de la pharmacologie et autres sciences et techniques laissent, dès à présent, entrevoir la possibilité d'échapper à ce funeste destin[1]. » L'antispéciste de choc ajoute : « La constitution des êtres sentients pourra être modifiée afin qu'ils jouissent leur vie durant d'une large gamme d'émotions intensément plaisantes [...] C'est aussi l'architecture des écosystèmes qui sera revue par modification des êtres qui les peuplent. Les carnivores disparaîtront, tandis que les animaux herbivores, à constitution et aptitudes améliorées, vivront en sécurité et disposeront de ressources suffisantes, grâce à une natalité contrôlée[2]. » L'universitaire constate que ce manifeste de

1. www.cahiers-antispecistes.org/paradis-sinon-rien/
2. Pour aller plus loin : David Pearce, *The Hedonistic Imperative*, 1995 – www.hedweb.com

David Pearce *(The Hedonistic Imperative)* n'est guère plus connu que celui de l'anéantissement d'OOS, mais il aurait, pour lui, de pouvoir être appliqué par étapes successives. Le mouvement de libération animale devrait conserver le but dessiné par David Pearce, mais en commençant par faire disparaître l'ensemble des usages que font les humains des autres animaux, au détriment de ces derniers, que ce soit pour l'alimentation, l'habillement, les loisirs ou la recherche.

Ce « Manifeste pour la fin de toutes les souffrances » (OOS) a été lancé par d'anciens activistes de l'ALF : « La seule solution radicale, complète et véritable à la souffrance du monde est de le détruire. Dans un monde sans humains, les bébés hyènes continueraient à se battre sans répit les uns contre les autres, arrachant des lambeaux du visage de leurs frères et sœurs [...] Dans un monde sans humains, les guêpes continueraient à pondre leurs œufs dans les corps des chenilles pour s'assurer qu'à la naissance leur progéniture trouvera un déjeuner [...] Chez les dauphins, lions de mer et canards, les femelles continueraient de subir les viols collectifs [...] Un monde végétalien est improbable et il serait absolument immoral [...] l'alimentation à base de plantes est cruelle. Le fait qu'il existe des régimes beaucoup plus cruels ne rend pas celui-ci moral[1]. » L'agriculture étant un gaspillage de ressources dont dépendent d'autres êtres sensibles, un végétarien consomme de la souffrance : « Le véganisme ne devrait pas être l'objectif. Ce n'est pas le régime alimentaire des gens qui nous dérange, mais la souffrance, et la souffrance est partout et en tout[2] » ; « Le monde n'a pas besoin d'une réparation mais d'être détruit[3] ».

---

1. www.onlyonesolution.org/
2. *Ibid.*
3. *Ibid.*

CONCLUSION

VERS UNE NOUVELLE ALLIANCE ENTRE LES ANIMAUX, LES ÉLEVEURS ET LES MANGEURS

J'ai cosigné, en mars 2018, dans Mediapart, un appel pour une nouvelle alliance entre les animaux, les éleveurs et les mangeurs avec mes amis Jean Ziegler, ancien rapporteur auprès de l'ONU sur la question du droit à l'alimentation, Carlo Petrini, fondateur et président de Slow Food International, et Josef Zisyadis, président de Slow Food Suisse et directeur de la semaine du goût. Nous écrivions que l'humanité se trouve face à deux dangers. Le premier serait de nous laisser imposer une alimentation toujours plus carnée issue d'animaux produits dans de sales conditions, le second serait d'accepter les viandes artificielles issues des biotechnologies. Nous refusons ces deux aspects d'un même productivisme. Nous faisons au contraire le pari qu'il est possible de manger moins de viandes mais meilleures, car garantissant le bien-être animal, de bonnes conditions de travail aux éleveurs, aux salariés des abattoirs, et le maximum de plaisir, de partage et de santé aux mangeurs. L'alternative à ces deux dérives productivistes est d'inventer un nouveau mariage entre les humains et les animaux, les premiers donnant de bonnes conditions d'élevage et les seconds offrant leur viande, dans le respect de la chaîne alimentaire.

Amis végans et mangeurs de viandes, de fromages et buveurs de laits, vous pouvez vous retrouver pour soutenir l'abattage de proximité, qui supprime le transport pour les animaux, qui réduit le stress préabattage, qui améliore les conditions de travail des éleveurs et des personnels des abattoirs. Soutenez le collectif « Quand l'abattage vient à la ferme », dont le slogan « Naître, vivre et mourir à la ferme » est un pied de nez à l'industrie de la viande. J'aimerais partager avec vous une avancée positive, avec l'adoption, dans la nuit du 27 au 28 mai 2018, de l'article 13 quinquies de la loi « agriculture et alimentation » autorisant les expérimentations d'abattage à la ferme. Cette évolution, issue des propositions du collectif pour l'expérimentation d'abattoirs mobiles, représente une véritable avancée pour les animaux, pour les personnes qui travaillent avec eux et pour les consommateurs, à l'instar de ce qui se pratique déjà dans d'autres pays, comme la Suède, l'Allemagne, la Suisse. Soutenez la tribune « Quand l'abattoir vient à la ferme » signée par une vingtaine de mouvements, comme Biocoop, Nature & Progrès, le mouvement des AMAP, France-Nature Environnement, le Modef, la FNAB, le MIRAMAP sous l'égide de la Confédération paysanne. Un autre élevage est possible pour une autre alimentation, bonne, saine et juste comme le revendique Slow Food[1].

Amis végans et mangeurs de viandes, de fromages et buveurs de laits, vous pouvez vous retrouver pour soutenir l'adoption d'un étiquetage valorisant l'élevage respectueux des animaux, des éleveurs et des mangeurs, pour promouvoir et subventionner la transition de l'élevage industriel à l'élevage en plein air, pour modifier le code d'achat des marchés publics, pour faire de la restauration sociale un levier, pour le retour à un élevage paysan non industriel.

1. http://bit.ly/TribuneAbattage

BIBLIOGRAPHIE

ARIÈS Paul, *Anthroposophie : enquête sur un pouvoir occulte*, Éditions Golias, 2001.

ARIÈS Paul, *Gratuité* vs *Capitalisme*, Larousse, 2018.

ARIÈS Paul, *Une histoire politique de l'alimentation : du paléolithique à nos jours*, Max Milo, 2016.

ARIÈS Paul, *Libération animale ou nouveaux terroristes ?, Les saboteurs de l'humanisme*, Éditions Golias, 2000.

ARIÈS Paul, *Pour sauver la Terre : l'espèce humaine doit-elle disparaître ?*, L'Harmattan, 2002.

ARIÈS Paul, *Satanisme et Vampyrisme*, Éditions Golias, 2005.

ARLUKE Arnold et SANDERS Clinton R., « Le travail sur la frontière entre les humains et les animaux dans l'Allemagne nazie » *in* Nicolas Dodier, Pierre-Benoît Joly et Cyril Lemieux (dir.), *La Question animale*, *Politix*, vol. 16, n° 64, quatrième trimestre 2003, p. 17-49.

BLANC Pierre, *Terres, pouvoirs et conflits – Une agro-histoire du monde*, Presses de Sciences Po, 2018.

BONNARDEL Yves, *La Domination adulte – L'oppression des mineurs*, Myriadis, 2015.

CARON Aymeric, *Antispéciste – Réconcilier l'humain, l'animal, la nature*, Points, coll. « Points Doc », 2017.

CARON Aymeric, *No steak*, J'ai lu, 2014.

CASSEGRAIN Bertrand, « Laissons la lionne tuer la gazelle : Droits des animaux, prédation, devoir d'assistance et défense d'un tiers », *Philosophiques*, vol. 38, n° 2, automne 2011, p. 439-464.

CASTRO Josué (de), *Géopolitique de la faim*, Les Éditions Ouvrières, 1971 (nouv. éd. revue et augmentée).

CAUVIN Jacques, *Naissance des divinités, naissance de l'agriculture. La Révolution des symboles au Néolithique*, CNRS Éditions, coll. « Empreintes », 1994.

CHAPOUTOT Johann, « Les nazis et la "nature" – Protection ou prédation ? », *Vingtième Siècle : Revue d'histoire*, janvier-mars 2012, n° 113, p. 29-39.

CHAUVET David, « À qui profite le crime ? Sur la disqualification terroriste de l'ALF et ses implications juridiques et politiques remarquables », *Les Cahiers antispécistes*, n° 39, mai 2017.

COLLECTIF, *Manger sans peur*, Éditions Golias, 2011.

COLSON Daniel, *Petit Lexique philosophique de l'anarchisme*, Le Livre de Poche, 2001.

DAUGEY Fleur, *L'Intelligence des plantes – Les découvertes qui révolutionnent notre compréhension du monde végétal*, Éditions Ulmer, 2018.

DI FOLCO Philippe (dir.), *Dictionnaire de la mort*, Larousse, 2010.

DIGARD Jean-Pierre, « Jalons pour une anthropologie de la domestication animale », *L'Homme*, 1988, t. 28, n° 108, *Les Animaux : domestication et représentation*, p. 27-58.

ELLINGER Pierre, « Guerre et sacrifice dans le mysticisme grec : Orphisme et Pythagorisme », *Mélanges Pierre Lévêque*, t. 6 : Religion, Les Belles Lettres, 1992, p. 73-87.

FRANCIONE Gary et CHARLTON Anna, *Petit Traité de véganisme*, L'Âge d'Homme, 2015.

FRANCIONE Gary, *Introduction aux droits des animaux*, L'Âge d'Homme, 2015.

HAUSKELLER Michael, « Le transhumanisme et les animaux. Comment devenir un post-chien », *Les Cahiers antispécistes*, n° 40, 2018.

HORTA Oscar, « Le mal dans la nature », *Les Cahiers antispécistes*, n° 40, avril 2018.

HUGHES James, *Citizen Cyborg*, Cambridge, MA, Westview Press, 2004.

KEITH Lierre, *Le Mythe végétarien*, Éditions Pilule rouge, 2013.

LE NEINDRE Pierre *et al.*, « Douleurs animales. Les identifier, les comprendre, les limiter chez les animaux d'élevage », Synthèse du rapport d'expertise réalisé par l'INRA à la demande du ministère de l'Alimentation, de l'Agriculture et de la Pêche et du ministère de l'Enseignement supérieur et de la Recherche, décembre 2009.

LINZEY Andrew, *Théologie animale*, One Voice, 2009.

MARCUS Erik, *Meat Market – Animals, Ethics and Money*, Brio Press, 2005.

MORE Max, « A letter to mother nature », *The Transhumanist Reader*, Wiley-Blackwell, 2013, p. 450.

OLIVIER David, « Sur le droit à la vie des prédateurs », 4 mai 2016 – http://fra.blog.david.olivier.name/post/Sur-le-droit-%C3%A0-la-vie-des-pr%C3%A9dateurs

PEARCE David, *The Hedonistic Imperative*, 1995 – www.hedweb.com

PATTERSON Charles, *Un éternel Treblinka*, Calmann-Lévy, 2007.

PURSEIGLE François (dir.), *Le Nouveau Capitalisme agricole : de la ferme à la firme*, Presses de Sciences Po, 2017.

REESE Jacy, « Maladies, blessures, faim… Les animaux sauvages souffrent. Nous devrions les aider », *Les Cahiers antispécistes*, n° 40, avril 2018.

REGAN Tom, *The Case for Animal Rights*, University of California, 1983.

REUS Estiva, « Éliminer les animaux pour leur bien », *Les Cahiers antispécistes*, n° 41, mai 2018.

SILBERZAHN Pierre, « Le secteur des fausses viandes », *Les Zindigné.e.s*, 2018, n° 50.

SILBERZAHN Pierre, « Protéines animales et végétales », *Les Zindigné.e.s*, 2018, n° 50.

SILBERZAHN Pierre, *Le Blues du carnivore*, L'Harmattan, 2018.

SINGER Peter, « Entretien », *Critique*, « Libérer les animaux ? », n° 747-748, août-sept. 2009, p. 652-663. Propos recueillis et traduits par Françoise Balibar et Thierry Hoquet.

SINGER Peter, *La Libération animale*, Payot, coll. « Petite Bibliothèque », 2012.

SINGER Peter, *Questions d'éthique pratique*, Bayard, 1998.

SITTLER-ADAMCZEWSKI Thomas, « Consistent vegetarianism and the suffering of wild animals », *Journal of Practical Ethics*, 2016, vol. 4, n° 2.

TEMPLE GRANDIN Mary, *Improving Animal Welfare : A practical approach*, CAB International, 2015.

TOMASIK Brian, « L'importance de la souffrance des animaux sauvages », *Les Cahiers antispécistes*, n° 40, avril 2018.

VINDING Magnus, *The Speciesism of Leaving Nature Alone*, Smashwords, 2016.

WOHLLEBEN Peter, *La Vie secrète des arbres*, Les Arènes, 2017.

INDEX

DU MÊME AUTEUR

La Fin des mangeurs, Desclée de Brouwer, 1997.

Les Fils de McDo, L'Harmattan, 1997.

Déni d'enfance, Éditions Golias, 1997.

La Scientologie, laboratoire du futur ? Les secrets d'une machine infernale, Éditions Golias, 1998.

Petit manuel anti-McDo à l'usage des petits et des grands, Éditions Golias, 1999.

La Scientologie : une secte contre la République, Éditions Golias, 1999.

José Bové, la révolte d'un paysan. Entretiens avec Paul Ariès et Christian Terras, Éditions Golias, 2000.

Le Goût (avec Gong Gang), Desclée de Brouwer, 2000.

Libération animale ou nouveaux terroristes ?, Éditions Golias, 2000.

Les sectes à l'assaut de la santé, Éditions Golias, 2000.

Anthroposophie : enquête sur un pouvoir occulte, Éditions Golias, 2001.

Disneyland, le royaume désenchanté, Éditions Golias, 2002.

Pour sauver la Terre : l'espèce humaine doit-elle disparaître ?, L'Harmattan, 2002.

Harcèlement au travail ou Nouveau Management, Éditions Golias, 2002.

Putain de ta marque !, Éditions Golias, 2003.

Démarque-toi ! Petit manuel anti-pub, Éditions Golias, 2004.

Satanisme et Vampyrisme, Éditions Golias, 2005.

Misère du sarkozysme. Cette droite qui n'aime pas la France, Parangon, 2005.

Décroissance ou Barbarie, Éditions Golias, 2005.

No conso. Manifeste pour la grève générale de la consommation, Éditions Golias, 2006.

Le Mésusage. Essai sur l'hypercapitalisme, Parangon, 2007.
Apprendre à faire le vide (avec Bernadette Costa-Prades), Milan, 2009.
Désobéir et grandir, Écosociété, 2009.
Cohn-Bendit, l'imposture (avec Florence Leray), Max Milo, 2010.
La Simplicité volontaire contre le mythe de l'abondance, La Découverte, 2010.
Le Socialisme gourmand, La Découverte, 2012.
Amoureux du bien-vivre, Afrique, Amériques, Asie... Que nous apprend l'écologie des pauvres, Éditions Golias, 2013.
Nos rêves ne tiennent pas dans les urnes, Max Milo, 2013.
Écologie et cultures populaires, Les Éditions Utopia, 2015.
La face cachée du pape François, Max Milo, 2016.
Une histoire politique de l'alimentation : du paléolithique à nos jours, Max Milo, 2016.
Les rêves de la jeune Russie des Soviets, une histoire antiproductiviste du stalinisme l'URSS, Bord de l'eau Éditions, 2017.
Les sports mécaniques, une arme de destruction massive, Bord de l'eau Éditions, 2018.
Gratuité vs *Capitalisme*, Éditions Larousse, 2018.

Pour tout contact (conférences et presse) :
paul.aries@laposte.net

LAROUSSE s'engage pour l'environnement en réduisant l'empreinte carbone de ses livres. Celle de cet exemplaire est de :
400 g éq. CO_2
Rendez-vous sur www.larousse-durable.fr

PAPIER À BASE DE FIBRES CERTIFIÉES

Achevé d'imprimer en Espagne par Industria Grafica Cayfosa
Dépôt légal : janvier 2019
322476/01 – 11039402 – décembre 2018